SPASS MIT MÜLL

Impressum:
ISBN: 978-3-903989-01-6
echomedia buchverlag/echo medienhaus ges.m.b.h.
Media Quarter Marx 3.2
A-1030 Wien, Maria-Jacobi-Gasse 1

Coverfoto: Stephan Mussil
Fotos: Stephan Mussil, Ingrid Luttenberger,
shutterstock.com, pixabay
Produktion: Ilse Helmreich
Layout: Elisabeth Waidhofer
Lektorat: Anke Weber
Herstellungsort: Wien
Besuchen Sie uns im Internet:
www.echomedia-buch.at

SPASS MIT MÜLL

DESIGN AUS ABFALL

Ingrid Luttenberger

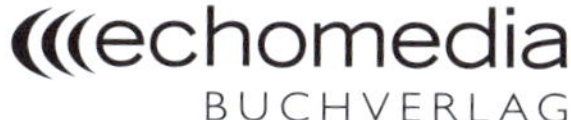

INHALT

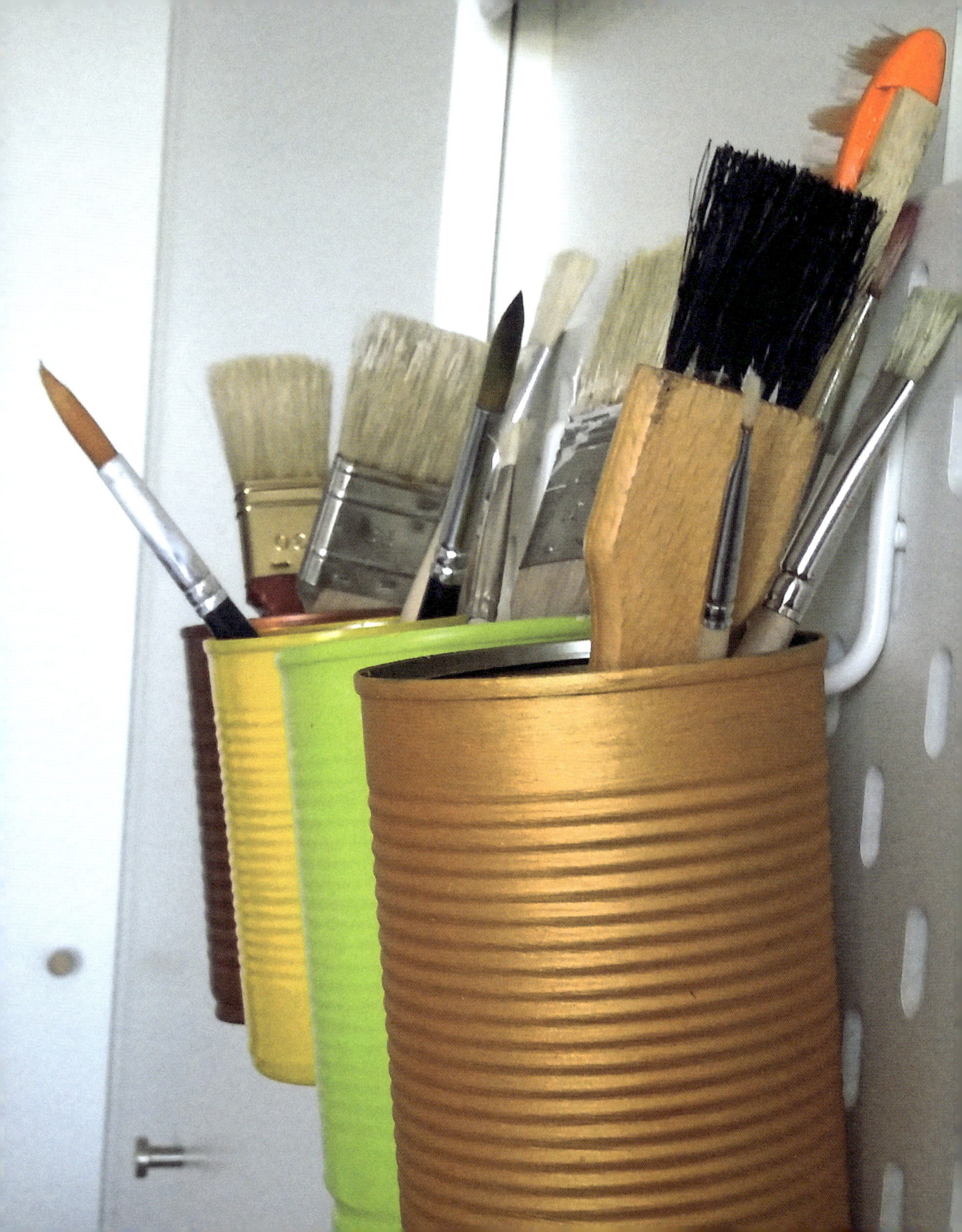

UPCYCLING
ist faszinierend

Aus dem, was normalerweise im Abfall landet, lassen sich wunderbare und einzigartige Design-Gegenstände herstellen. Sie unterscheiden sich individuell von allem, was es zu kaufen gibt. Und je länger man sich damit beschäftigt, desto stärker wird die Faszination: über die Entwicklung der eigenen Kreativität ebenso wie darüber, wie viel Schätze in jedem Haushalt geradezu auf eine neue Nützlichkeit warten.

Das ist allerdings auch gefährlich. Kein Gürtel ist mehr sicher, alte Taschen verlieren ihre Reißverschlüsse und die ganze Familie muss neuen Kaffee trinken – weil dessen Verpackung einen genialen Hingucker als Portmonee abgibt. Sage keiner, Upcycling sei ohne Nebenwirkungen …

Upcycling-Fans in jedem Alter erfahren sich selbst durch den unbegrenzten Einsatz vorhandener Ressourcen als Umweltschützer. Wer aus Vorhandenem Neues erschaffen kann, verkleinert den Müllberg. Da erfolgreiches Selbermachen ohnehin die schönste Belohnung ist, erspart man sich so gleich den einen oder anderen Frustkauf. Und ehrlich: Der Wegwerfgesellschaft ein kleines Schnippchen zu schlagen, fühlt sich auch gut an.

Viel Freude an den gezeigten Ideen und Spaß beim kreativen Werken!

Ingrid Luttenberger

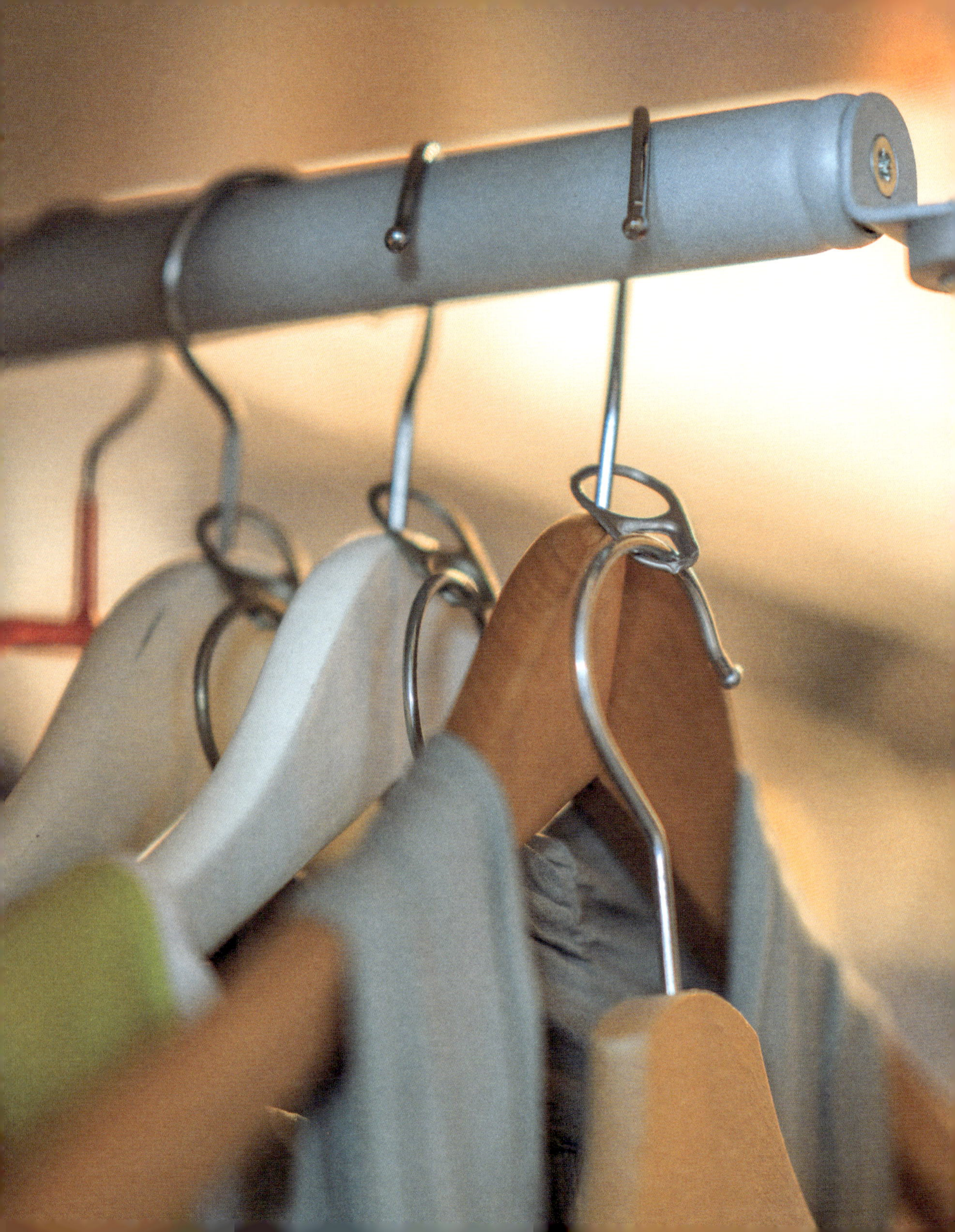

Ringerl
RAUMWUNDER

Du brauchst:

- Deckel einer Konservendose mit Öffnungsringerl
- Schutzhandschuh
- Zange

Vorbereitung, Tipps, Alternativen:

- Die Kanten offener Konservendosen und -deckel sind scharf. Verwende einen Handschuh zum Schutz für die Hand, mit der du Dose oder Deckel angreifst.
- Fast alle Kleiderbügel aus Holz und Metall lassen sich auf diese Art paarweise hängen. Das Gewicht eines zweiten Kleidungsstückes wird locker getragen.

Und so geht's:

1. Zieh einen Schutzhandschuh an. Mit dieser Hand hältst du den Deckel der Konservendose.

Mit der anderen nimmst du das kleine Ringerl und drehst es, bis es sich vom Deckel löst.

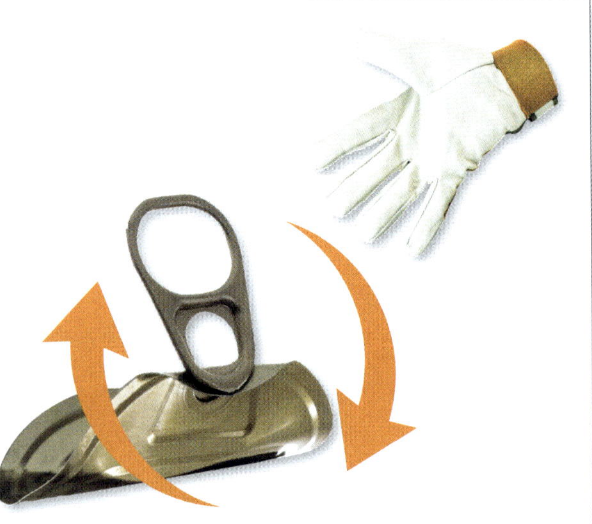

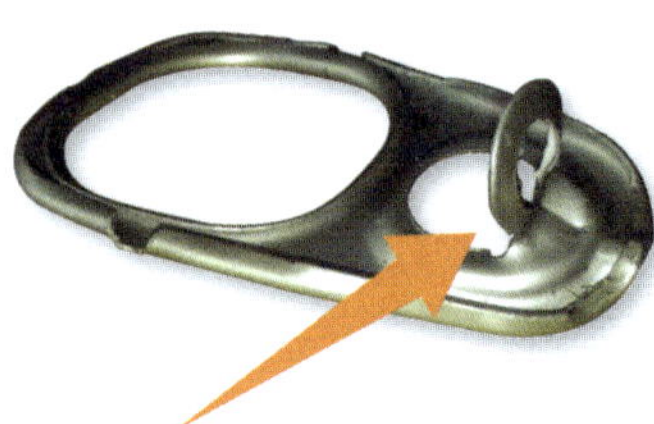

2. Falls ein kleines Blechstück vom Ringerl absteht: Nimm eine Zange und zwick es weg.

3. Fädle ein Loch des Ringes auf den Haken eines Kleiderbügels.

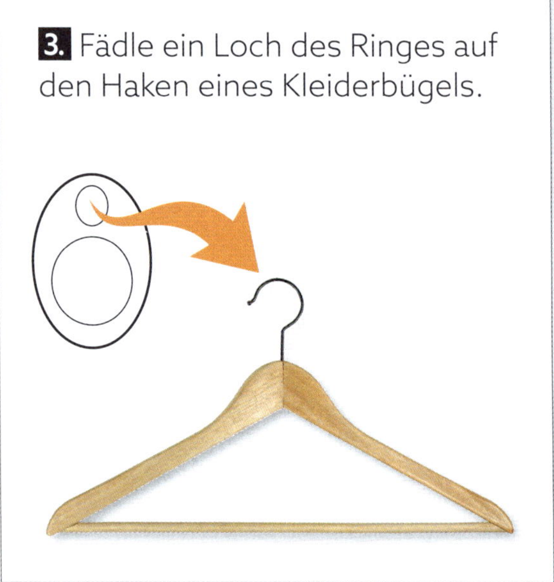

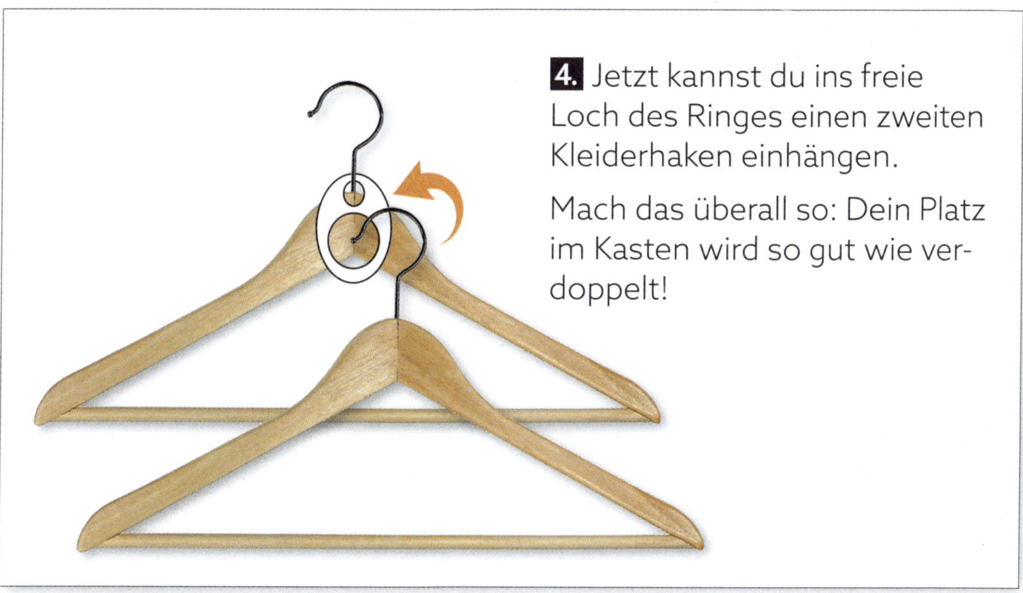

4. Jetzt kannst du ins freie Loch des Ringes einen zweiten Kleiderhaken einhängen.

Mach das überall so: Dein Platz im Kasten wird so gut wie verdoppelt!

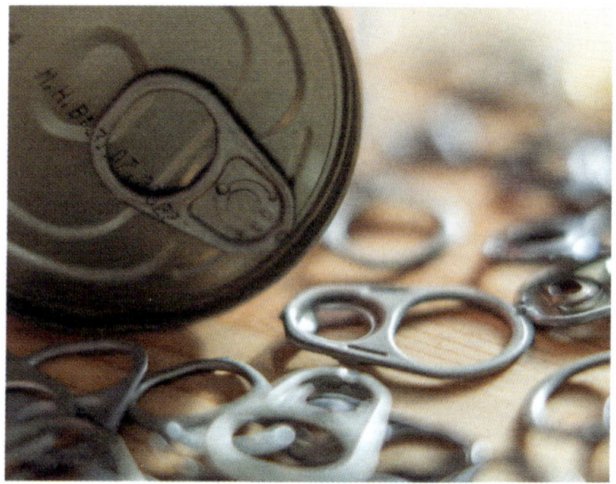

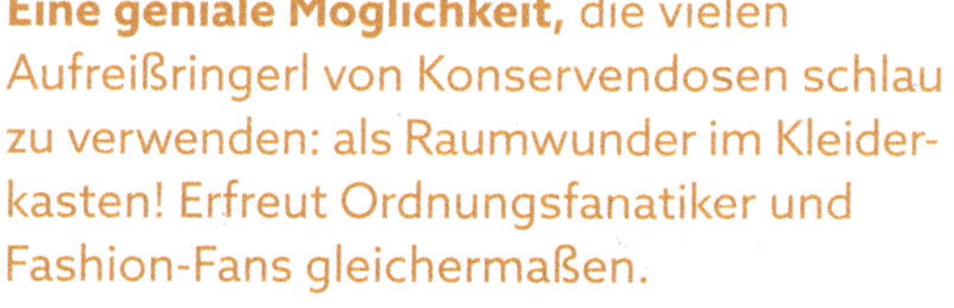

Eine geniale Möglichkeit, die vielen Aufreißringerl von Konservendosen schlau zu verwenden: als Raumwunder im Kleiderkasten! Erfreut Ordnungsfanatiker und Fashion-Fans gleichermaßen.

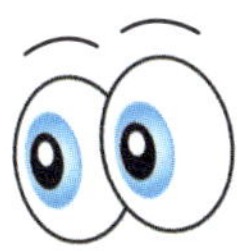

Da schau her!

Konservendosen, ihre Deckel und Ringerl sind meistens aus Weißblech. Wenn du sie in die getrennte Müllsammlung gibst, hat das einen großen Vorteil: Sie werden recycelt. Das bedeutet, ihr Material wird so bearbeitet, dass es danach wieder als Rohstoff verwendet werden kann. Echt sinnvoll!

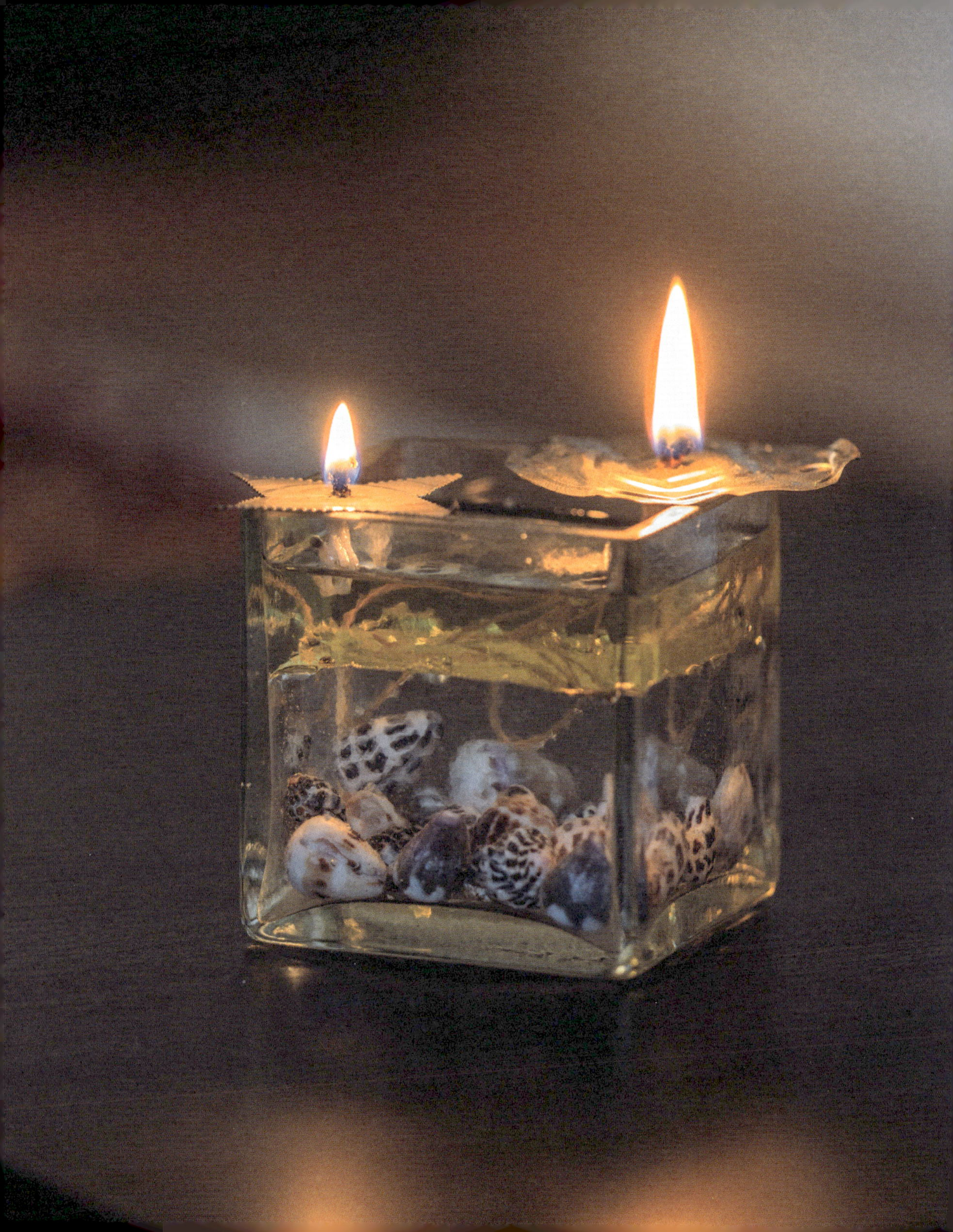

Tischfeuer
WASSERFLAMME

Du brauchst:

- Deckel einer Konservendose und Schutzhandschuh oder Metalldeckel eines Schraubglases
- Glasgefäß
- 10 cm Schnur bzw. Kerzendocht
- etwas Speiseöl
- Handbohrer
- evtl. Pinzette

Vorbereitung, Tipps, Alternativen:

- Das Glasgefäß soll etwas fester sein, z. B. ein Schraubglas oder ein stärkeres Trinkglas.
- Als Docht funktioniert auch Paket- oder Küchenschnur aus Naturmaterial.
- Raps-, Sonnenblumen- oder Olivenöl eignen sich gleichermaßen.

Und so geht's:

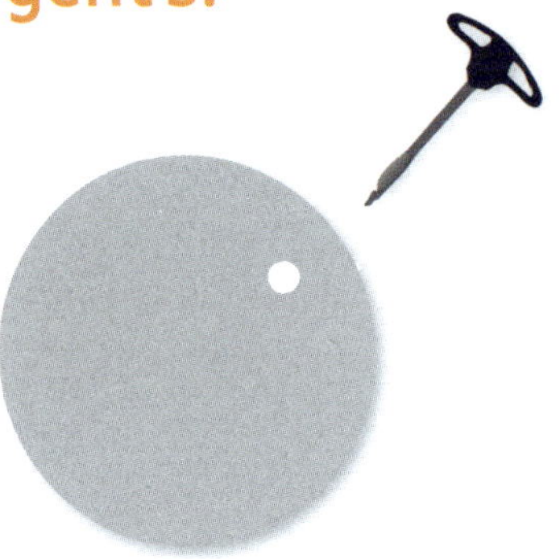

1. Bohre mit einem Handbohrer ein kleines Loch in den Deckel. Gerade so groß, dass die Schnur durchpasst und drinnen hält.

Das Loch kann, muss aber nicht in der Mitte sitzen.

2. Fädle die Schnur durch das Loch.

3. Zieh die Schnur etwas heraus, etwa so weit, wie ein Kerzendocht aus dem Wachs ragt.

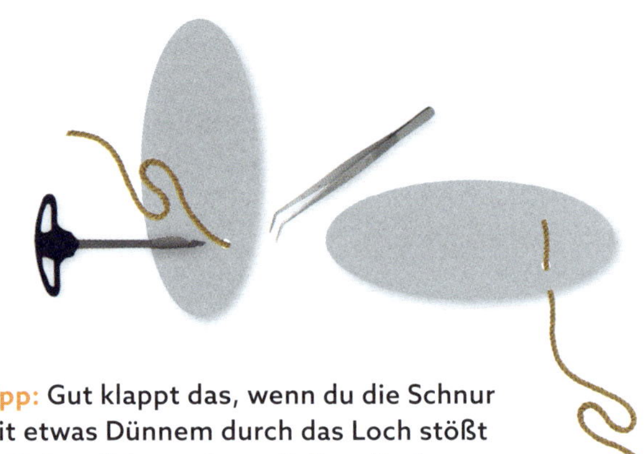

Tipp: Gut klappt das, wenn du die Schnur mit etwas Dünnem durch das Loch stößt und sie auf der anderen Seite mit einer Pinzette herauszupfst.

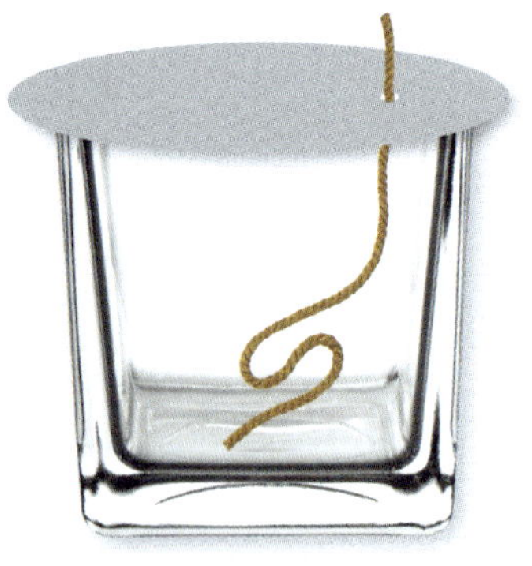

4. Nimm ein Glasgefäß und probiere, in welcher Position die Scheibe stabil aufliegt.

Die Scheibe kann das Gefäß ganz oder teilweise bedecken – nur wackeln darf sie nicht.

Falls du den Deckel eines Schraubglases verwendest, kannst du ihn samt Schnur auch auf „sein" altes Glas draufdrehen.

5. Wenn du gerne dekorierst:
Jetzt wär's günstig.

Alles, was wasserfest und nicht brennbar ist, darf auf den Boden des Glases: etwa kleine Muscheln, Schneckenhäuser oder schöne Steine.

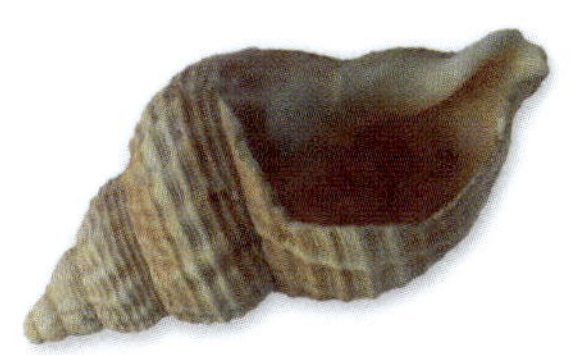

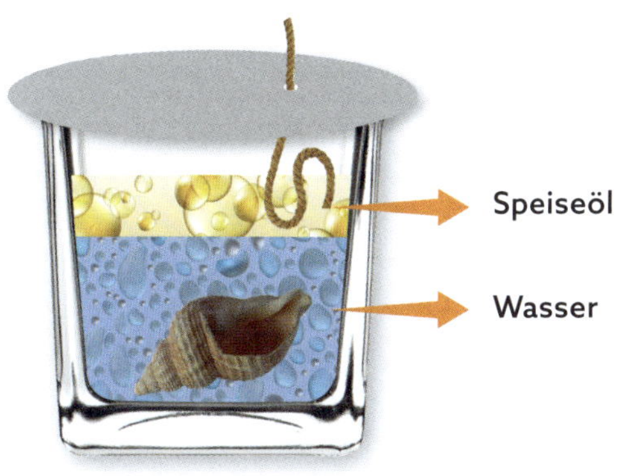

6. Fülle Wasser bis etwa zur Hälfte des Glases. Mehr geht auch.

7. Gieße Öl ins Glas. Es ist leichter als Wasser und schwimmt oben. Setze den Deckel mit dem Docht wieder auf das Glas. Der Docht schwimmt ganz oder teilweise im Öl. Falls sein Ende ins Wasser hinunterhängt, macht das auch nichts.

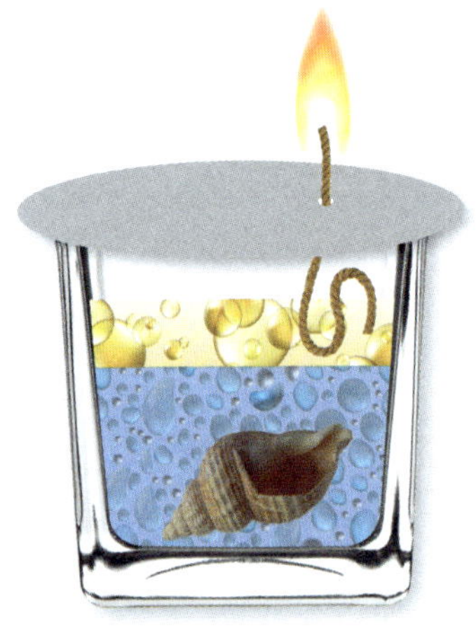

8. Benetze vor dem ersten Anzünden die Dochtschnur auch oberhalb des Deckels mit einem Tropfen Öl, dann kann sie angezündet werden.

❗ Das Hantieren mit Feuer überlasse bitte immer einem Erwachsenen.

PS: Das Wasser sorgt dafür, dass die Flamme erlischt, wenn das Öl verbraucht ist. Dann einfach Öl nachfüllen. Und obwohl das Wasser ein perfekter Sicherheitsfaktor ist: Bitte lass Feuer niemals unbeaufsichtigt.

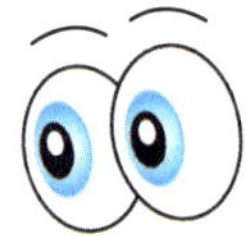

Da schau her!

Die Wasserflamme ist eine umweltfreundliche Alternative zu Teelichtern. Warum? Jedes Teelicht sitzt in einem Aluminium-Gehäuse. Das wird mit viel Energie und Rohstoffen produziert – nur um sofort im Müll zu landen, sobald die kleine Kerze abgebrannt ist.

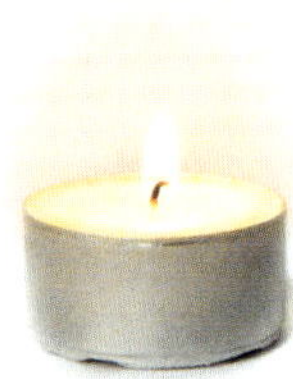

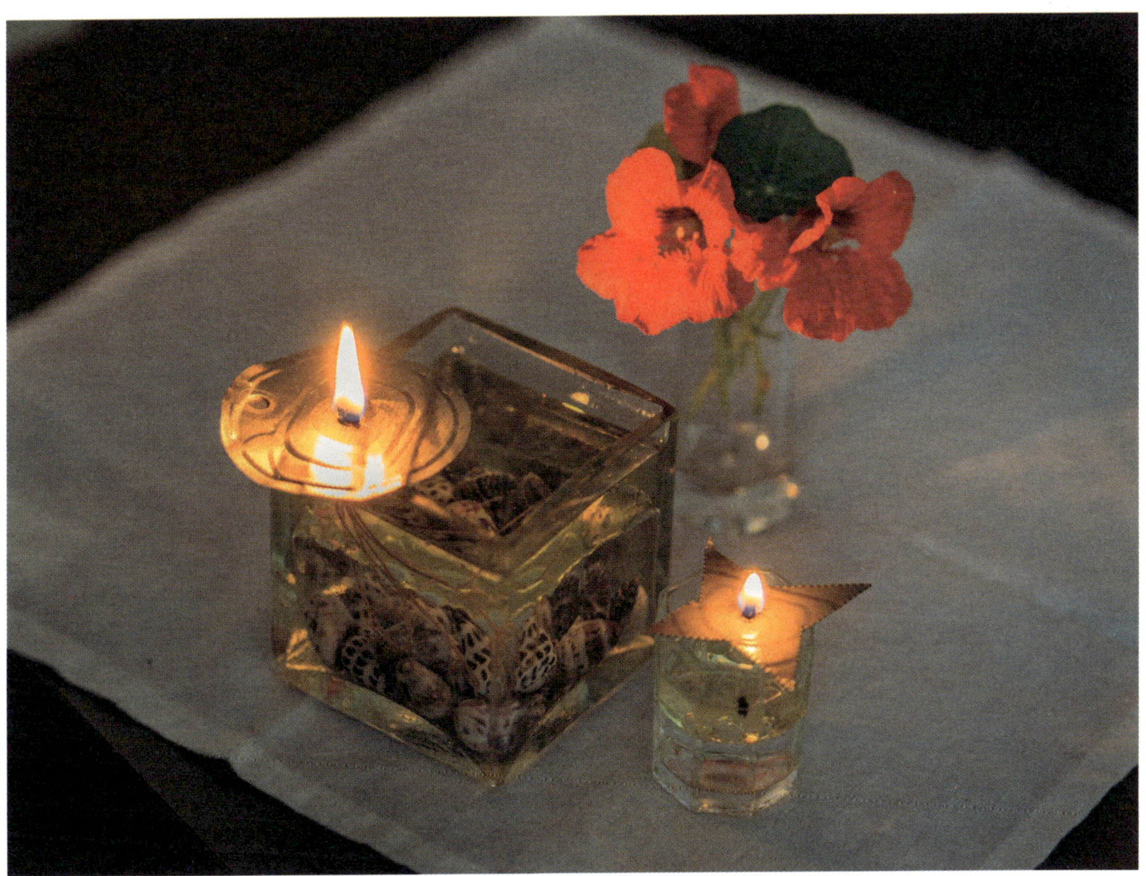

Tischfeuer Wasserflamme: Geboren aus Glas und Blech – gekommen, um zu bleiben. Das Speiseöl tränkt den Docht und verbrennt ohne giftige Dämpfe. Falls die Flamme nicht gut brennt, setze einen anderen Docht ein – vielleicht ist ein bisschen Experimentieren notwendig. Ab und zu musst du den Docht stutzen, da er sich beim Brennen erschöpft. Dafür ziehst du bei ausgeblasener Flamme etwas mehr Docht aus dem Loch. Das bereits verkohlte Ende schneidest du ab – schon ist die Wasserflamme wieder einsatzbereit.

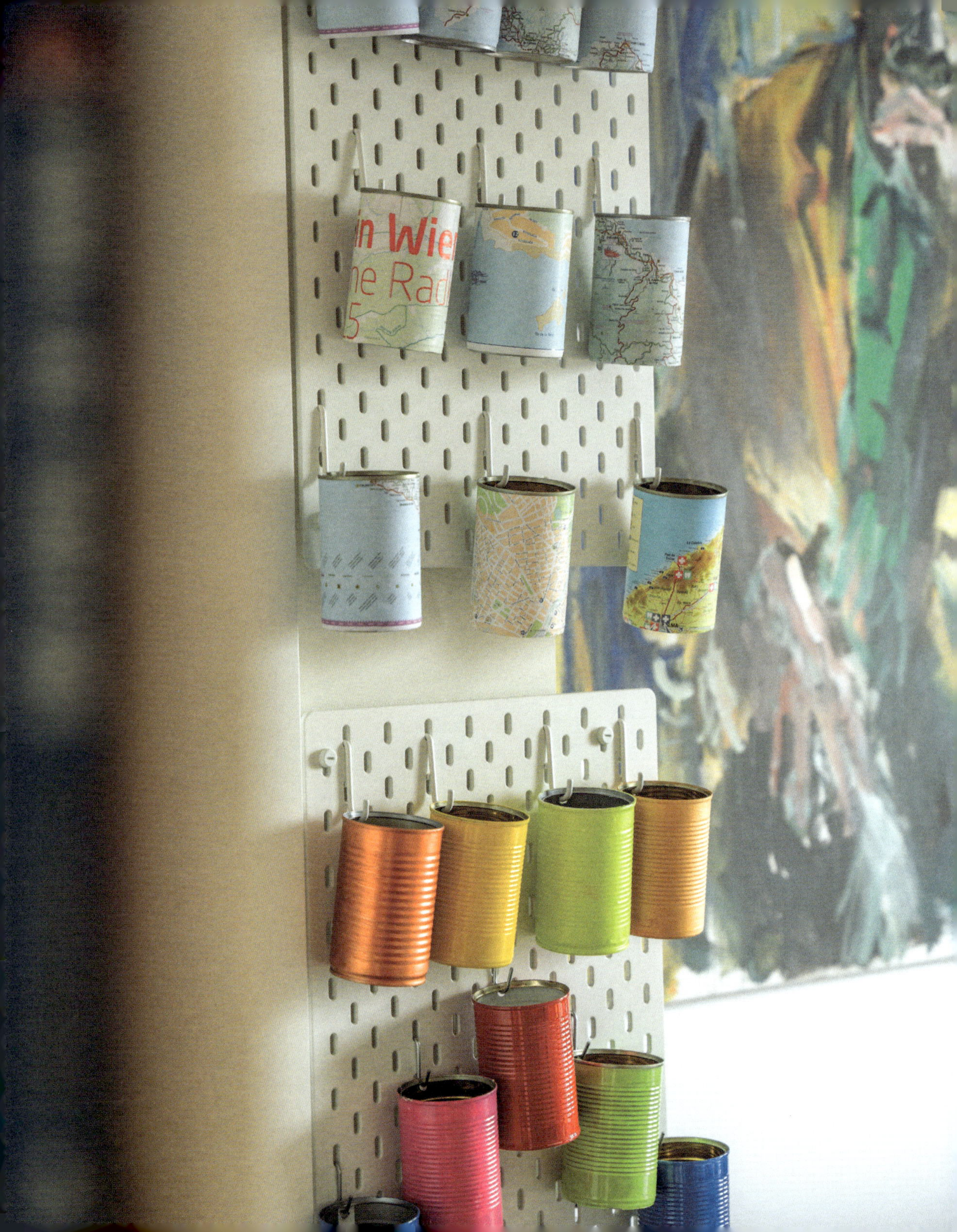

Wandystem
HÄNGURU

Du brauchst:

- leere Konservendosen
- Schutzhandschuh
- Handbohrer
- Haken
- Ort zum Aufhängen: Stange, Lochplatte, Wandleiste ...

Vorbereitung, Tipps, Alternativen:

- Die Kanten offener Konservendosen und -deckel sind scharf. Verwende einen Handschuh zum Schutz für die Hand, mit der du Dose oder Deckel angreifst.
- Gleichartige Dosen – in Reih und Glied aufgehängt – strahlen Ruhe aus und vermitteln den Eindruck von Ordnung. Unterschiedlich große, bunte Dosen – wild gemischt – unterstützen kreatives Chaos. Was magst du lieber?

Und so geht's:

1. Nimm einen Schutzhandschuh. Wenn du das Etikett einer Dose löst, kommt darunter ein tolles silbernes Industriedesign zum Vorschein. Falls du die Dosen verzieren möchtest: Ab Seite 120 siehst du einige Techniken dafür.

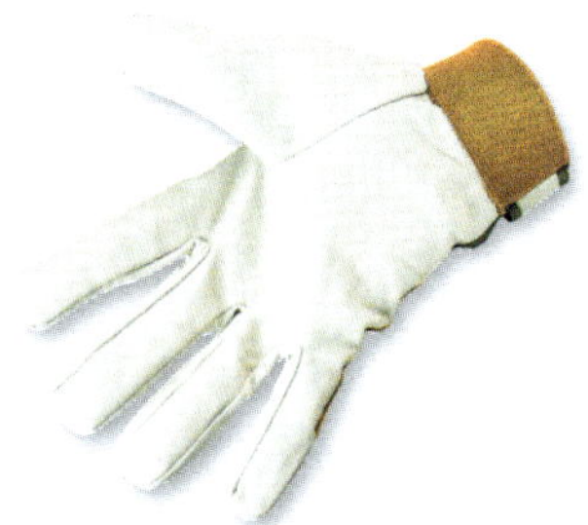

2. Bohre mit dem Handbohrer in alle Dosen knapp unter dem Rand ein Loch. Falls das rutschig ist oder nicht so gut geht: Lass einen Erwachsenen für dich arbeiten.

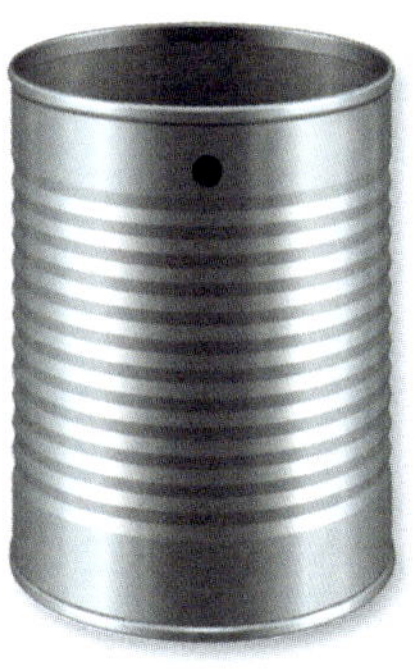

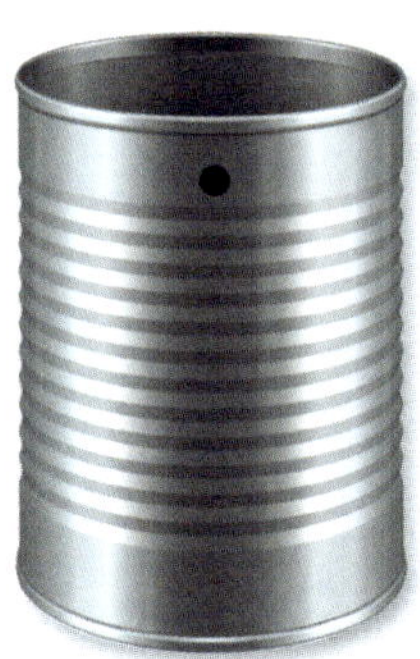

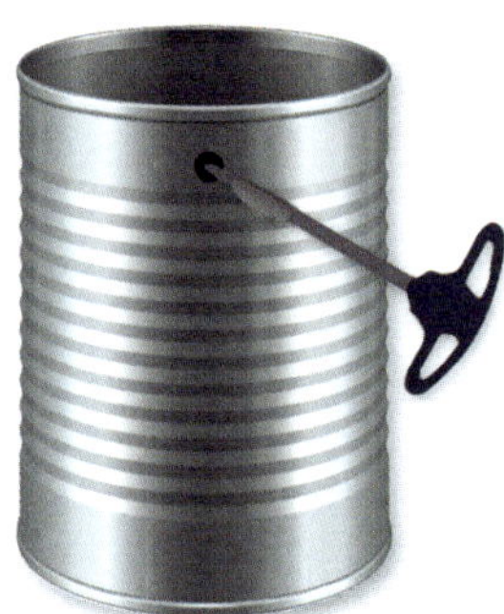

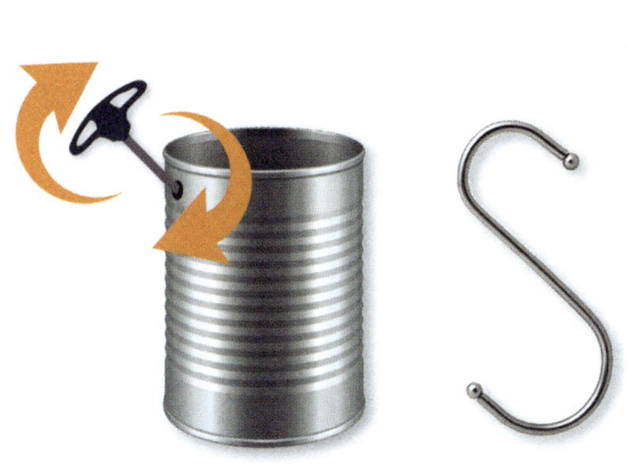

3. Prüfe, ob deine Haken gut durch die gebohrten Löcher passen.

Tipp: Zum Vergrößern steck den Handbohrer schräg und etwas tiefer in das Loch. Mach mit ihm große, kreisende Bewegungen. So weitest du mit dem Stiel des Bohrers das Loch.

4. Aufhängen und befüllen! Mit Stiften, Pinseln und Lineal beim Schreibtisch? Mit Haarbürsten und Kleinkram im Bad? Oder ein Hänguru für Kochutensilien in der Küche?
Am besten, du machst gleich noch eines. Die vermehren sich gern.

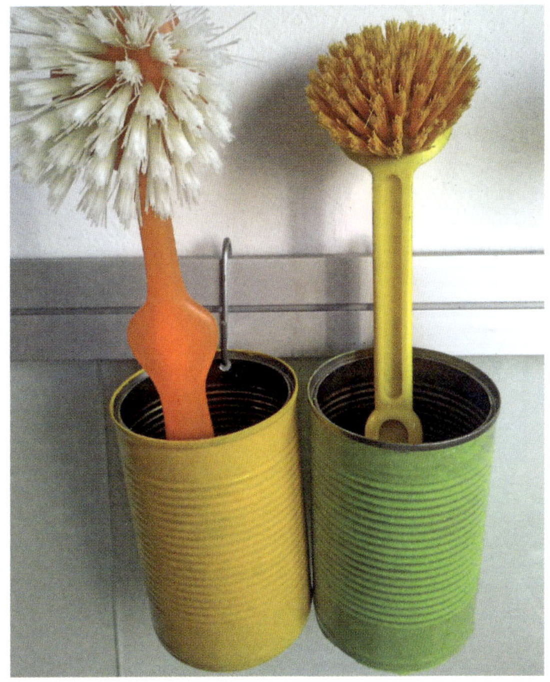

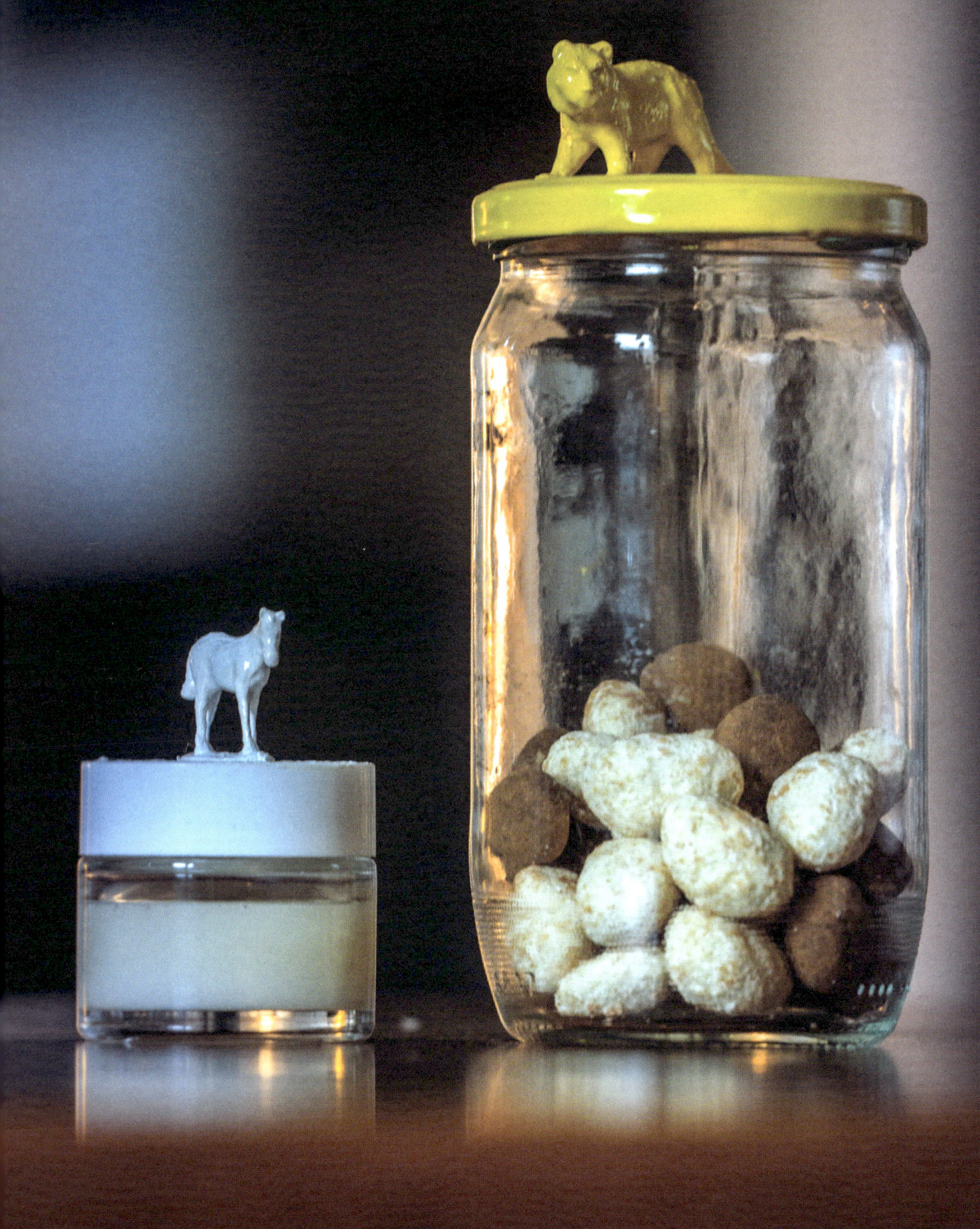

Aufbewahrung
GRALSWÄCHTER

Du brauchst:

- Schraubglas mit Metalldeckel
- kleine Figur
- Klebstoff
- Lack oder Acrylfarbe
- Pinsel

Vorbereitung, Tipps, Alternativen:

- Die Figur, die aufs Glas soll, braucht zumindest ein kleines Stück ebene Standfläche. Dort wird der Klebstoff aufgetragen.
- Kleine Kosmetik-Tiegel haben meist einen Kunststoff-Deckel. Wie gut Farbe dort hält, weiß man vorher nicht. Falls du so einen Tiegel verwenden willst: Lackiere die Figur in der Farbe, die der Deckel schon hat! Das weiße Pferd (ganz links im Bild) ist so entstanden.

Und so geht's:

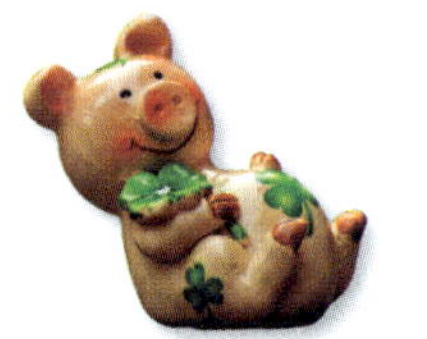

1. Wähle eine Figur, deren Größe dir auf dem Deckel gefällt.

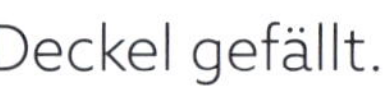

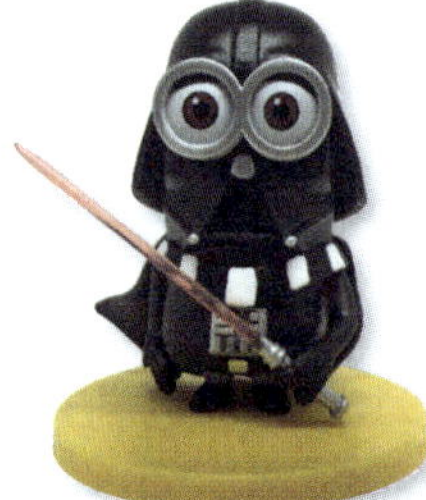

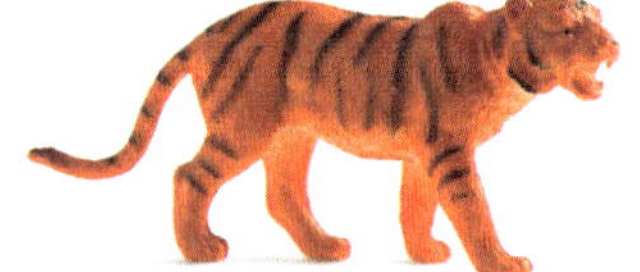

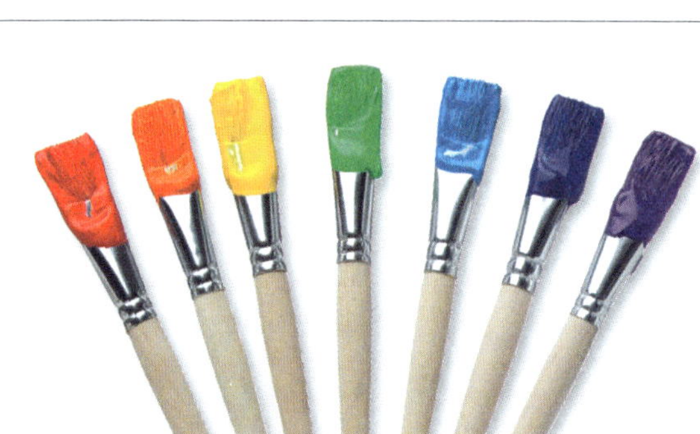

2. Suche dir eine Farbe und einen Pinsel aus.

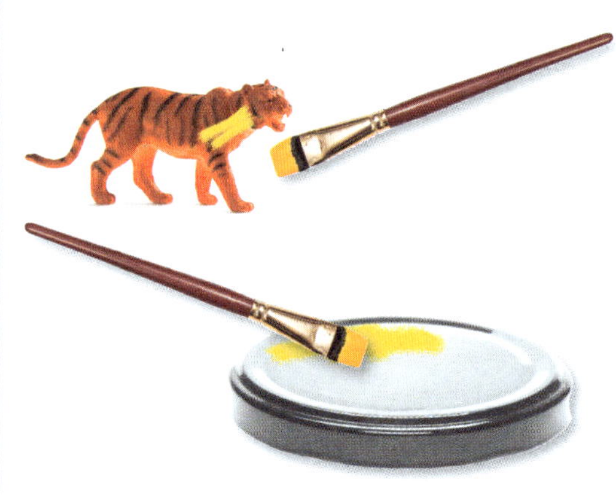

3. Lackiere die Figur und den Deckel des Glases gleichfärbig. Am besten im Freien oder bei offenem Fenster!

Lass Figur und Deckel ganz trocknen. Warte bis zum nächsten Tag – oder zumindest zwei Stunden.

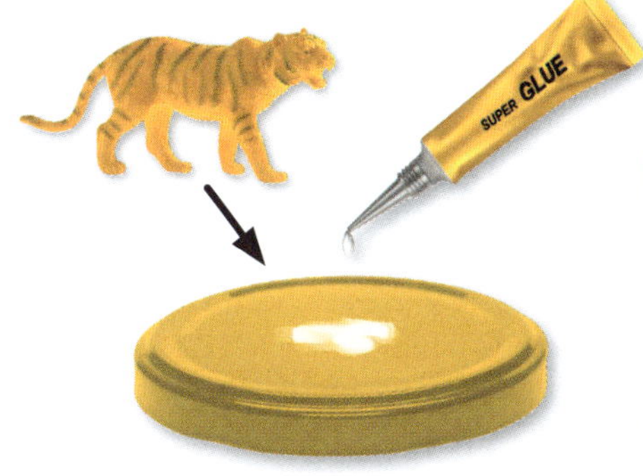

4. Wenn alles trocken ist, klebe die Figur auf den Deckel.

Befülle das Glas und schraub es zu – schon sind deine Schätze gut bewacht.

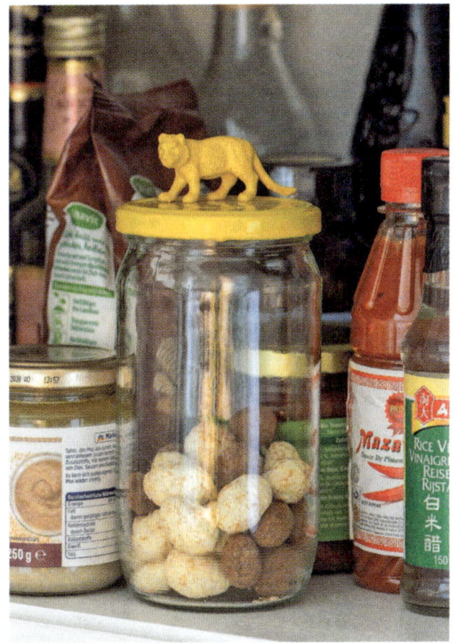

Schokomandeln sind sehr schwer zu beschützen. Aber gut aussehen tut ein Gralswächter trotzdem.

Da schau her!

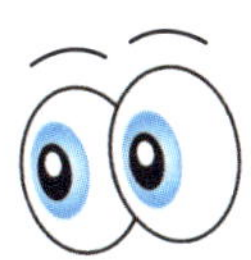

Schraubgläser sind genial. In ihnen lassen sich Lebensmittel gesund aufbewahren, weil Glas keine Schadstoffe abgibt. Du kannst Lebensmittel sogar darin einfrieren! Bei Flüssigkeiten musst du nur daran denken, oben im Glas etwas Platz freizulassen, dann funktioniert das hervorragend. Und du vermeidest Plastik, was im direkten Kontakt mit Lebensmitteln immer gut ist.

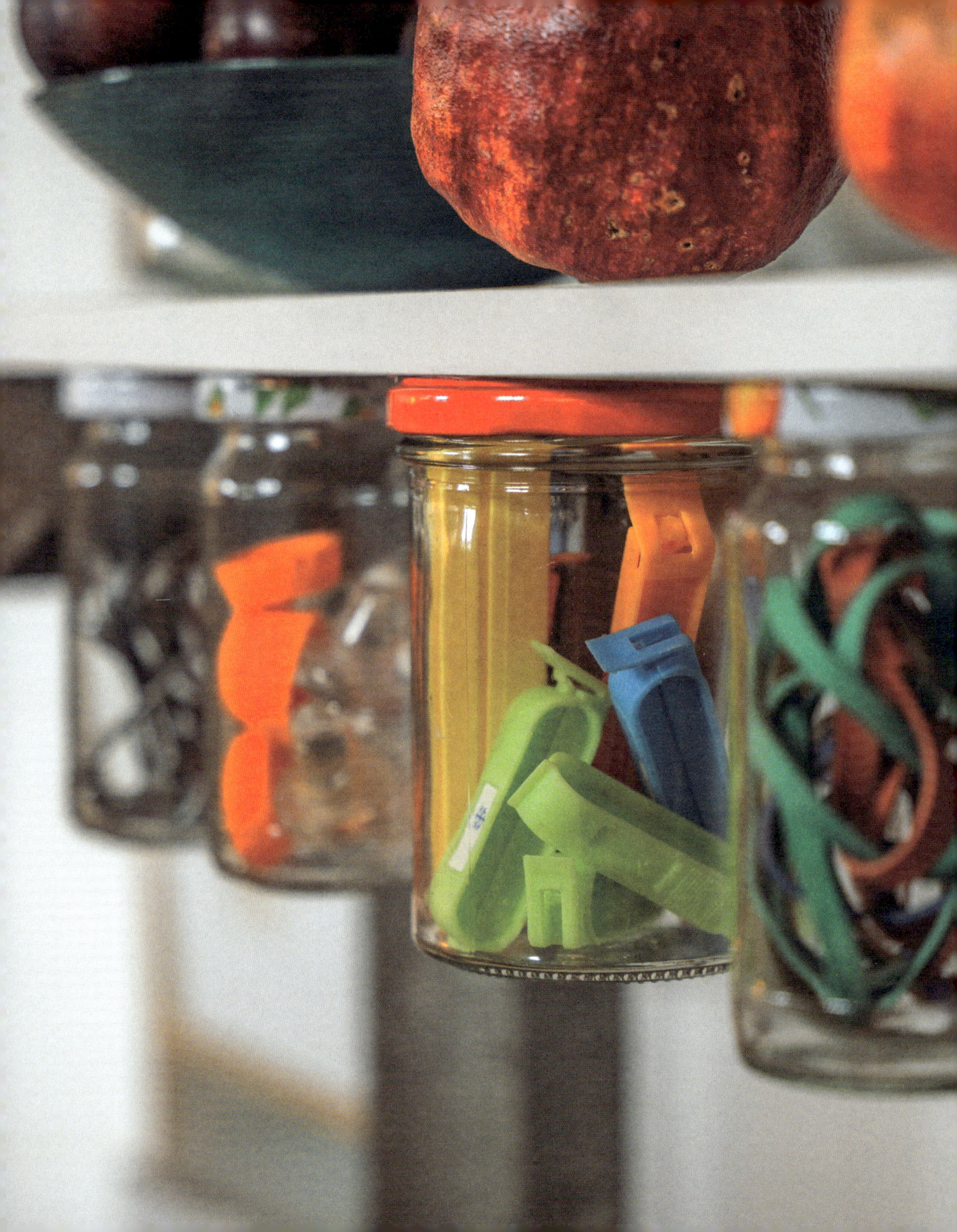

Aufbewahrung SCHWEBEGLAS

Du brauchst:

- leere Schraubgläser mit Metalldeckel
- Bohrer
- pro Glas 1 Metallschraube und 1 passende Mutter
- Stift zum Markieren

Vorbereitung, Tipps, Alternativen:

- Angeschraubte Schwebegläser hängen ewig. Sie vertragen Gewicht und halten viel aus.
- Die Größe der benötigten Schraube richtet sich nach deinem Holzbrett. Schritt 3b zeigt es dir.

Und so geht's:

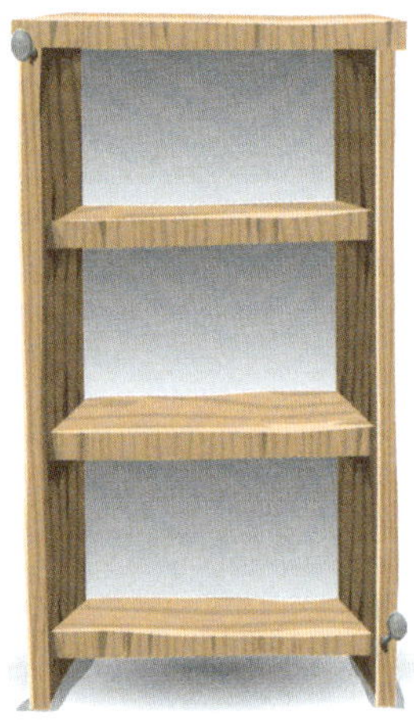

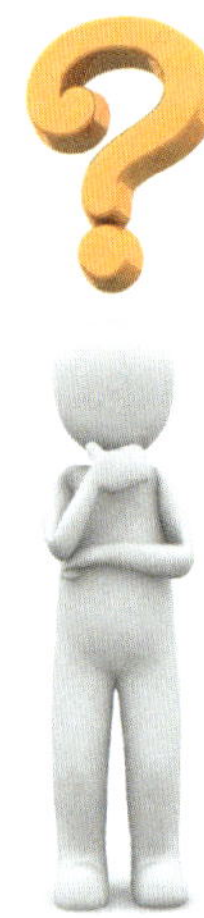

1. Finde ein Holzbrett, das angebohrt werden darf, ohne dass jemand etwas dagegen hat. Darunter muss genug Platz für deine hängenden Gläser sein.

Vielleicht im Bücherregal, unter einem Sideboard oder den Hängekästchen in der Küche?

2. Stell dir die Arbeitsschritte zunächst einmal nur vor: Durch das Brett und den Metalldeckel wird je ein Loch gebohrt. Du hältst dann den Deckel unten ans Brett und steckst von oben eine Schraube durch beide Löcher.

Von unten drehst du eine Mutter auf die Schraube, das fixiert den Deckel am Brett.

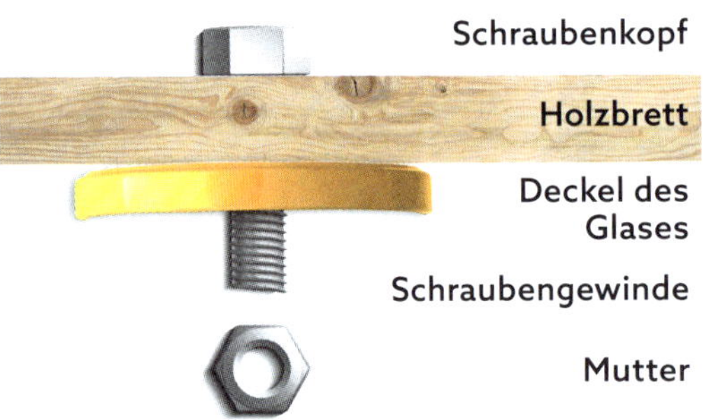

Du siehst: Die Größen der verwendeten Teile hängen voneinander ab.

3. Schrauben und Muttern – mehr dazu findest du auch auf Seite 133.

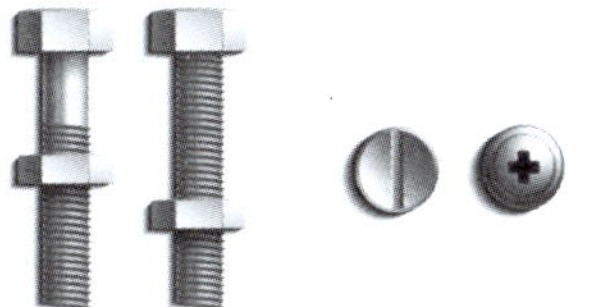

3a. Nimm Metallschrauben. Die sind unten flach, ohne Spitze. Wie ihr Kopf aussieht, ist hier egal. Das Gewinde kann durchgehend sein oder nur auf einem Teil Rillen haben.

Die Mutter passt, wenn sie sich anstandslos aufs Gewinde drehen lässt und gut hält. Einfach ausprobieren!

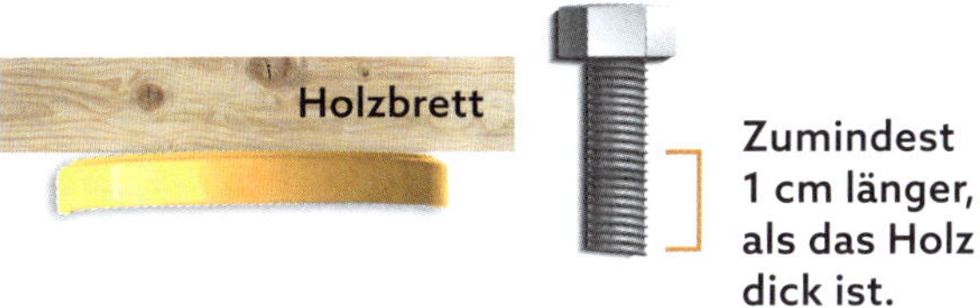

3b. Die Schraube sollte zumindest 1 cm länger sein, als das Holzbrett dick ist.

Länger geht auch. Dann ragt eben die Schraube unten etwas heraus.

3c. Die Dicke von Schraubengewinde und Bohrer muss zusammenpassen – eh klar.

Entweder nimmst du also eine Schraube in einem beliebigen Durchmesser, die zu Hause rumliegt. Dann suchst du den passenden Bohrer.

Oder du hast eh nur einen Bohrer: Dann bohre das Loch und suche dann eine Schraube, deren Gewinde genau durch das Loch passt.

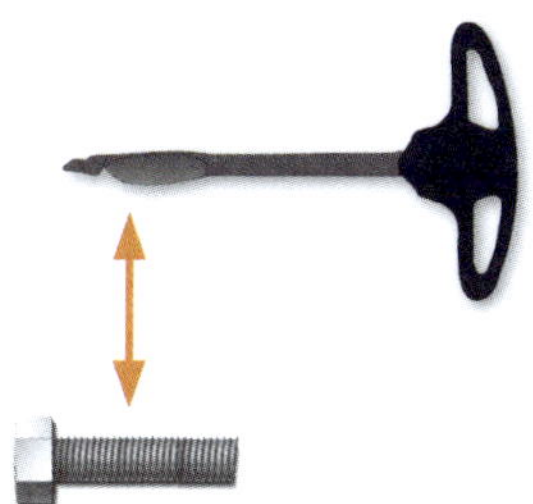

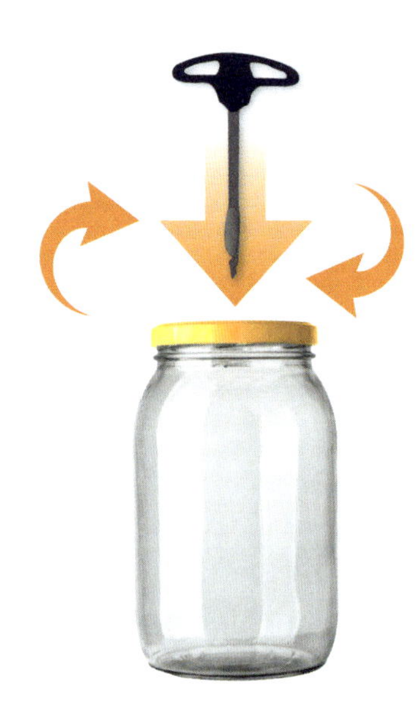

4. Stell deine Gläser auf eine stabile Arbeitsfläche. Schraub die Deckel fest drauf.

! **Wichtig:** Verwende einen-Schutzhandschuh für die Hand, die das Glas hält.

Mit der anderen Hand setzt du den Handbohrer senkrecht (!) in der Mitte des Deckels an. Mit etwas Druck drehst du den Bohrer und machst ein Loch in die Mitte des Deckels.

5. Schraub die Deckel ab und leg sie oben auf das Brett.

Verschiebe die Deckel, bis sie dort liegen, wo die Gläser später unten runterhängen sollen.

Steck einen Stift durch das gebohrte Loch im Deckel und mach eine Markierung aufs Brett.

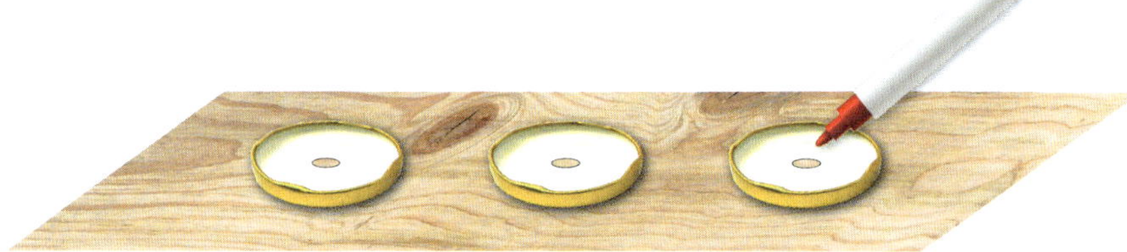

6. Bohre durch jede Markierung ein Loch ins Holzbrett.

Bei weicheren Hölzern, wie z. B. Fichte, geht das super mit dem Handbohrer.

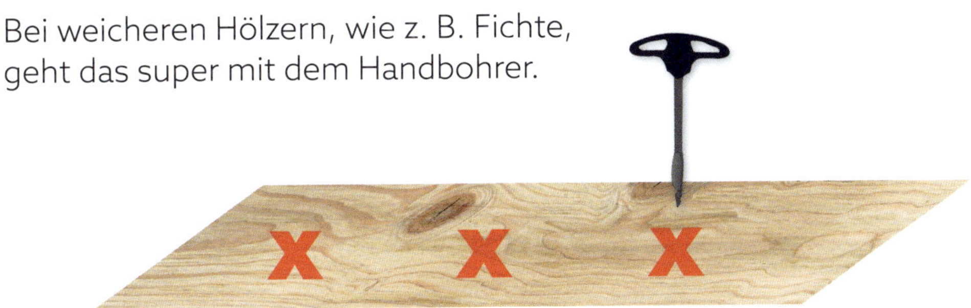

Bei härteren Hölzern brauchst du vielleicht Verstärkung von einem Erwachsenen – entweder um mehr Kraft auf den Handbohrer auszuüben oder um eine Bohrmaschine zu verwenden.

In dem Fall ist es sehr schlau, andere arbeiten zu lassen.

7. Führe aus, was unter Schritt 2 steht.

8. Gläser in die angeschraubten Deckel hineindrehen – und fertig!

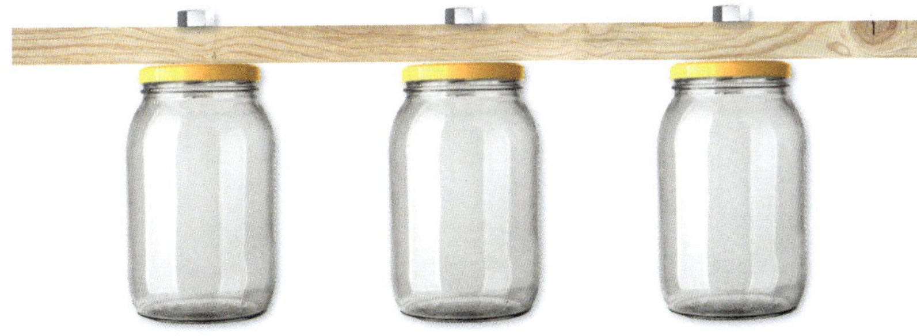

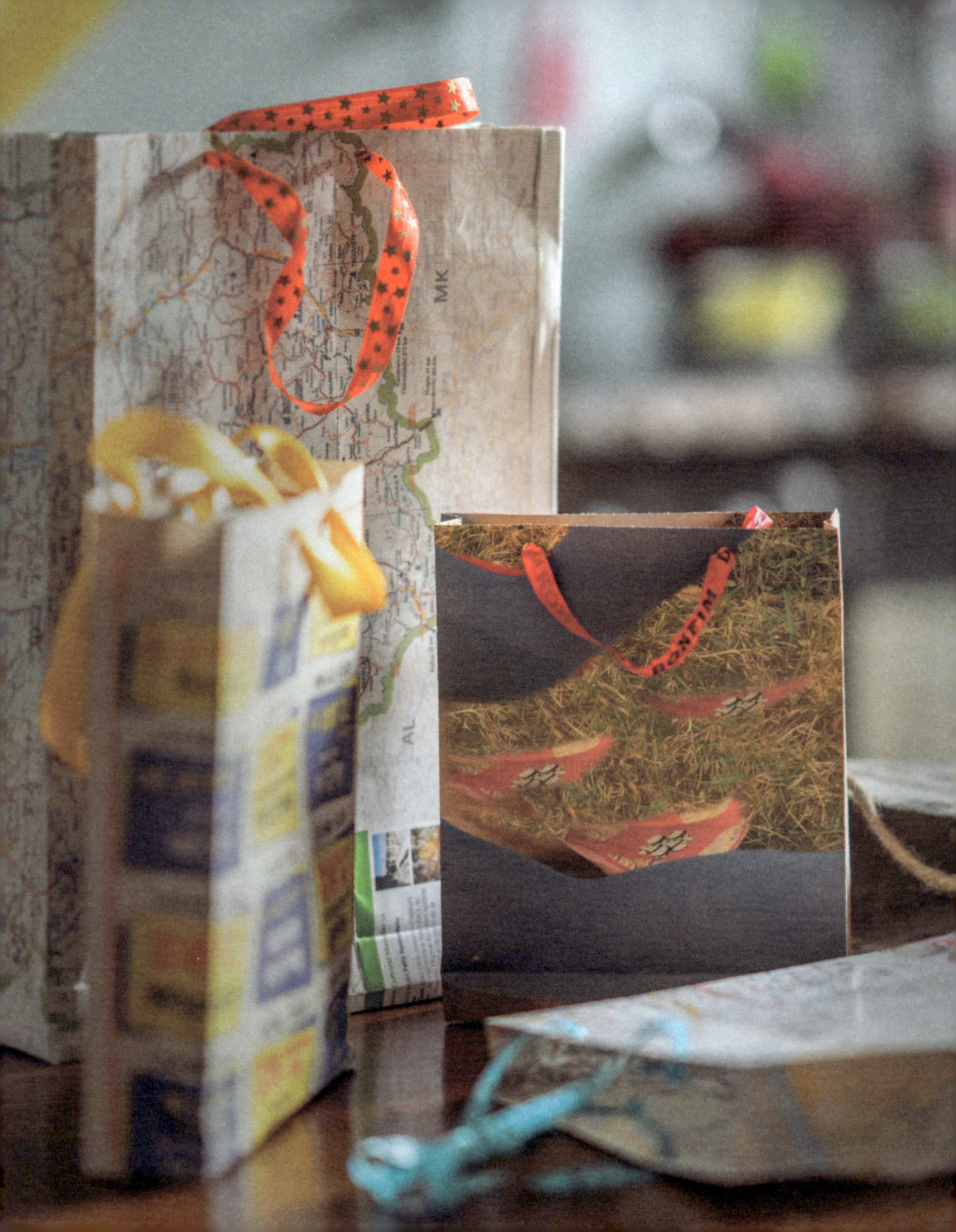
MK
AL
BONFIM

Sackerl
ALTER FALTER

Du brauchst:

- Altpapier
- Klebstoff
- Stift

Je nach Variante:

- Bürolocher oder Lochzange
- Schnur, Kluppe oder etwas anderes zum Verschließen

Vorbereitung, Tipps, Alternativen:

- Fürs Ausprobieren eignet sich ein Papierbogen aus einer großen Tageszeitung. Falls er einreißt, gibt's genug Ersatz.
- Exotisches Papier wirkt großartig: Landkarten, chinesische Gebrauchsanleitungen, Ultraschallbilder ...
- Tolle Geschenk-Packerl entstehen, wenn du auf Löcher und Henkel verzichtest. Stattdessen faltest du vom oberen Rand des Sackerls einen schmalen Streifen ein- oder mehrmals nach unten um. Du siehst es auf dem Bild auf Seite 41.
- Mit farbigen Stempeln kannst du Tageszeitungspapier ganz besondere Design-Effekte verleihen.

Und so geht's:

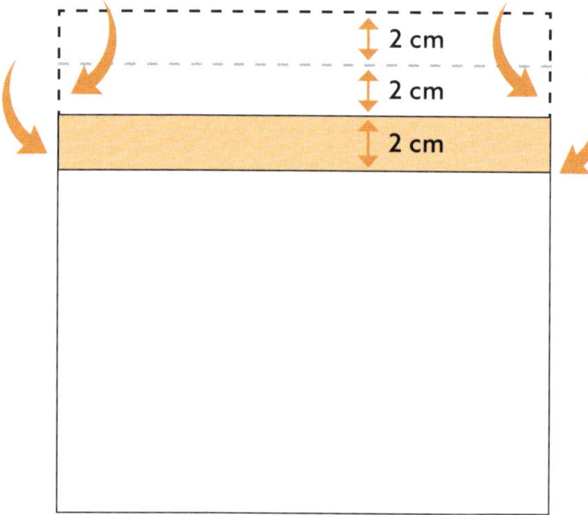

1. Leg den Bogen Papier quer vor dich. Markiere mit einem Stift einen Streifen (ca. 2 cm vom oberen Rand), falte ihn hinunter und drück ihn fest.

2. Diesen gefalteten Rand faltest du nochmals nach unten. Wieder gut plätten.

Damit besteht die neue Oberkante deines Bogens aus drei schmalen Schichten Papier. Das bleibt so.

3. Zeichne mit einem Stift 2 cm vom rechten Rand entfernt innen einen senkrechten Strich.

4. Klapp den Bogen von links nach rechts zusammen, und zwar so, dass der linke Rand auf den Strich trifft. Das heißt: rechts stehen 2 cm Papier über.

Zieh den entstandenen Falz mit dem Daumen nach.

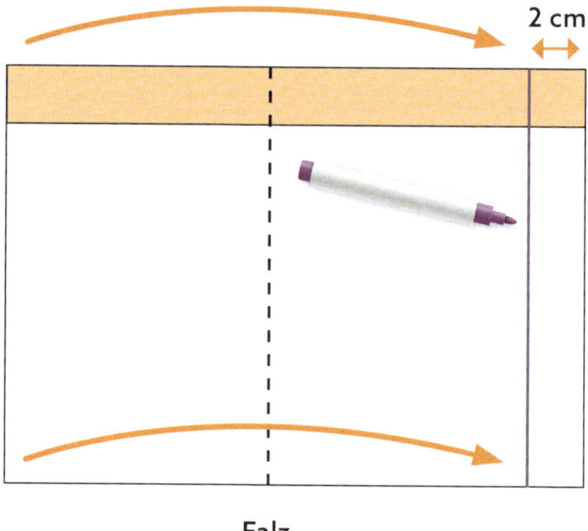

5. Die rechts überstehenden 2 cm faltest du nun nach links – über das bereits doppelt liegende Papier.

Wo du den Strich 2 cm vom Rand entfernt gemacht hast, ist jetzt ein neuer Falz. Streiche ihn gut fest.

6. Klapp diesen schmalen, gerade eingefalteten Teil wieder auf.

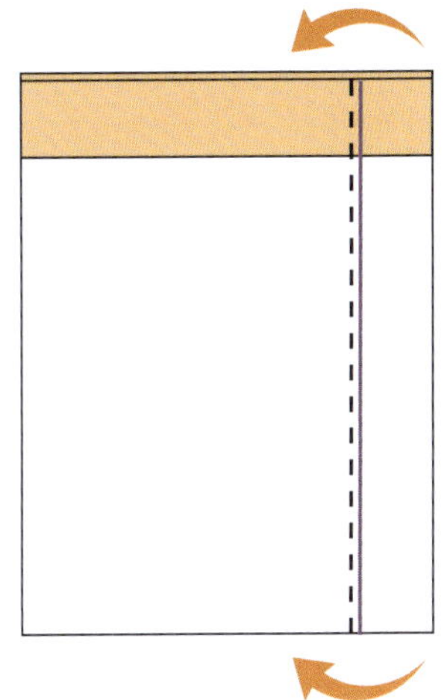

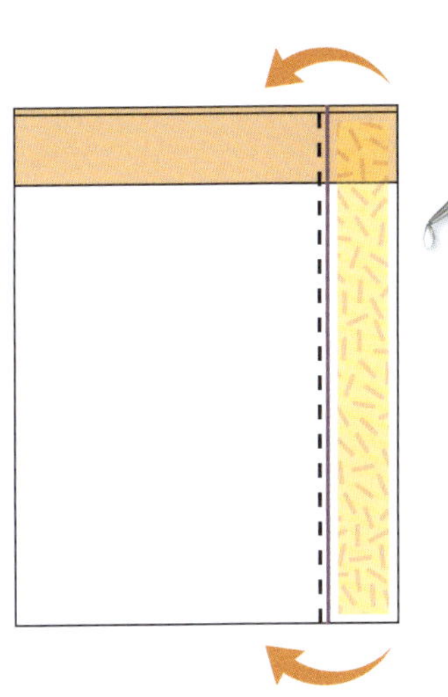

7. Bestreiche den wieder aufgeklappten schmalen Rand mit Klebstoff. Dann klapp ihn nach links und drück ihn gut fest. Gib ihm zwei Minuten zum Trocknen.

8. Falte die unteren 5 cm des vor dir liegenden Bogens hinauf. Zieh diesen neuen, quer laufenden Falz mit dem Daumennagel fest nach.

Um den Falz zu verstärken: Klapp ihn wieder runter und falte ihn auch von der anderen Seite nach oben. Zieh den Falz nochmals mit dem Daumennagel nach und öffne ihn wieder.

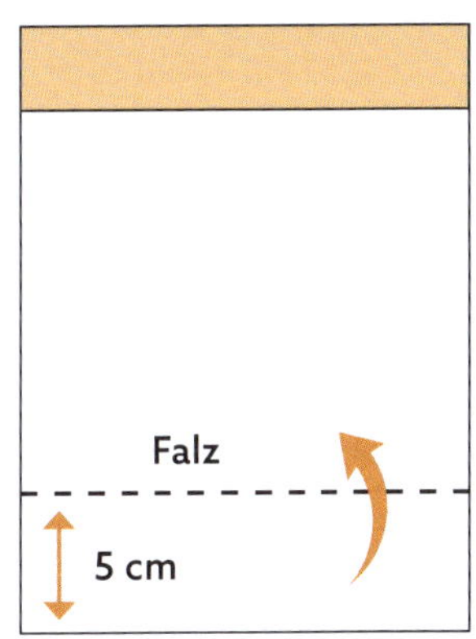

9. Schlag auf diesem unteren Teil die linke und die rechte untere Ecke entlang der gestrichelt markierten kleinen Linien um.

Skizze Nr. 10 zeigt, wie das Ergebnis aussieht.

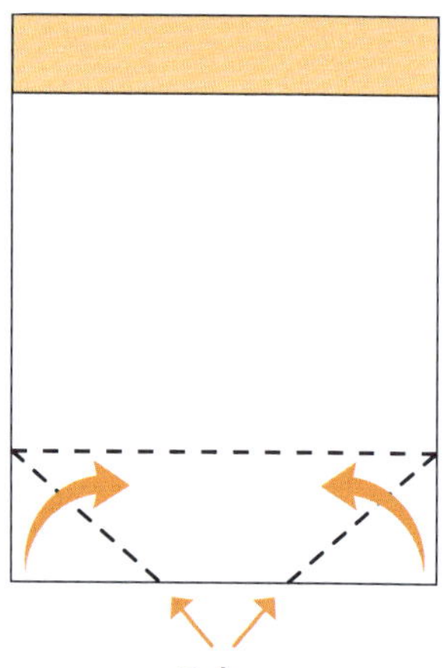

10. Plätte die beiden kleinen neuen Falze fest mit dem Daumennagel.

Zur Verstärkung: Klapp die beiden kleinen Dreiecke wieder runter und falte sie auf der anderen Seite hinauf. Dann mit dem Daumen wieder flachstreichen.

11. Öffne die Falze wieder und leg das Werkstück flach vor dich hin.

12. Stell den 5 cm hohen unteren Teil auf und greif dort zwischen die beiden Papierblätter. Zieh sie sanft, aber ganz auseinander (Richtung: orange Pfeile).

Automatisch bewegen sich dabei die beiden bisherigen Eckpunkte (rote Pfeile) zueinander hin.

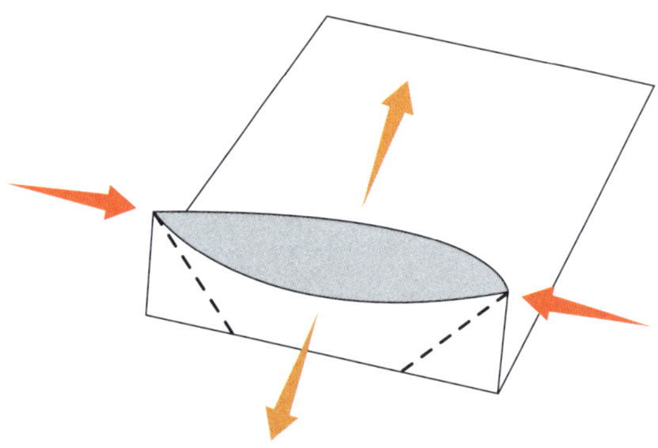

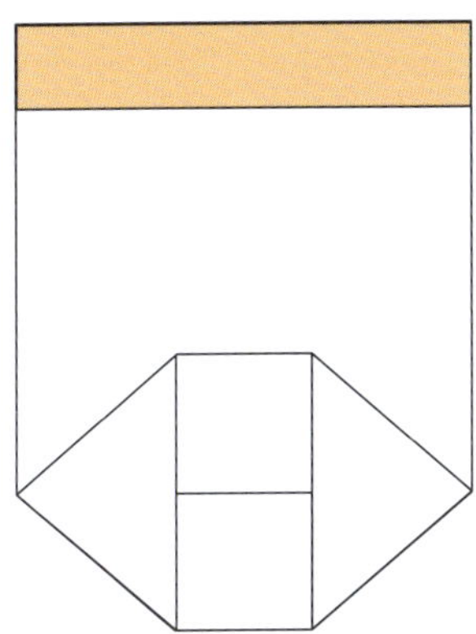

13. Das Ergebnis sieht so aus. Unten bildet sich der künftige Taschenboden.

Drück alles gut platt.

14. Um den Taschenboden fertig zu formen:

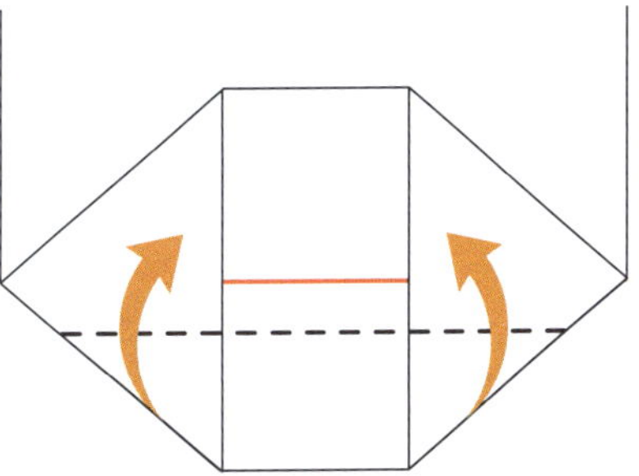

Falte den unteren Teil des künftigen Bodens entlang der gestrichelt markierten Falzlinie nach oben. Nach dem Falten muss dieser Teil die rot markierte Mittellinie etwas überragen.
Sonst gibt's ein Loch im Boden.
Streiche diesen Falz gut fest.

15. Falte den oberen Teil des Taschenbodens nach demselben Muster hinunter. Streiche alles gut fest.

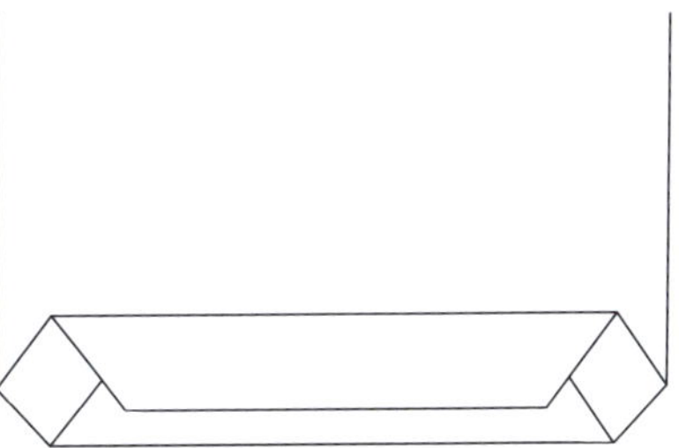

Das Ergebnis sieht aus wie hier skizziert.

16. Es geht ans Kleben.

Öffne die beiden Falze im künftigen Taschenboden wieder.

Bestreiche zuerst nur eine Lasche und auch die nur teilweise mit Klebstoff. Wie die Skizze zeigt: Der Kleber kommt nur schmal auf den äußeren Rand der Lasche und auf die zwei kleinen Dreiecke über der Falzlinie.

Dann falte die mit Kleber bestrichene erste Lasche wieder zu und drück sie an.

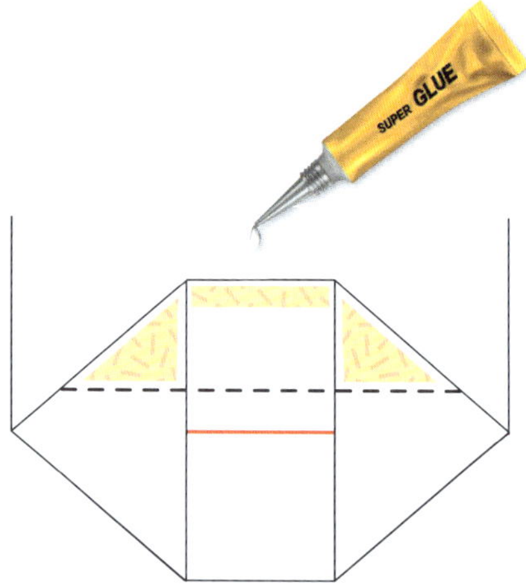

17. Bestreiche die zweite Lasche nach demselben Muster mit Kleber, klapp sie um und drück sie fest an.

Das Ergebnis sieht aus wie hier skizziert. Der Boden ist fertig geklebt.

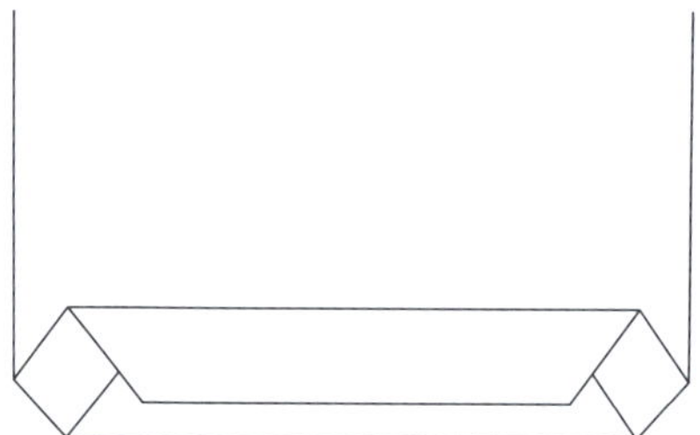

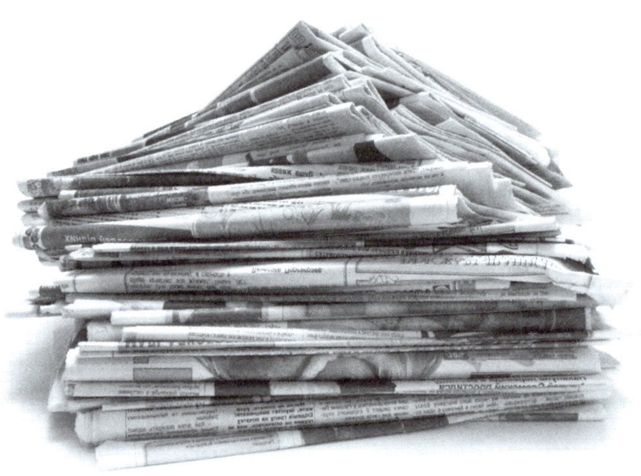

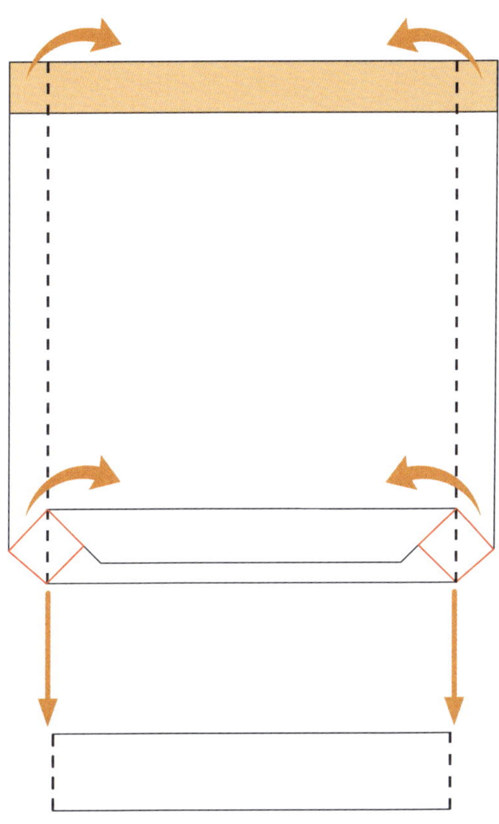

18. Falte auf beiden Seiten einen schmalen Rand um. Die Falze dafür laufen senkrecht durch die Mitte der kleinen Vierecke, die rot skizziert sind.

Klapp diese schmalen Ränder nach innen hin um und streiche die Falze fest.

Um die Falze zu stärken:
Öffne sie wieder, wende das ganze Werkstück und falte die schmalen Ränder auch von der anderen Seite aus einmal um. Dann wieder öffnen.

19. Schneide aus einem stärkeren Material einen extra Einlegeboden aus.

Seine Maße: wenige Millimeter kürzer und schmäler als der gefaltete Taschenboden. Nur so lässt sich der Einleger gut einlegen.

◀ Altpapier macht Freude:
Das Falten und Gestalten bringt kreative, ganz persönliche Verpackungen hervor. Und für Geschenkpapier muss weder Geld ausgegeben noch ein Baum gefällt werden. So gefällt uns das!

20. Öffne die Tasche und leg den Einlegeboden rein. Das gibt der Tasche „Körper". Nun formst du sie fertig:

Drück an beiden Schmalseiten die Falze und das kleine Dreieck unten am Boden nach innen. Das geht am besten, wenn du das Dreieck mit dem Daumen sanft, aber bestimmt in Richtung Einlegeboden drückst.

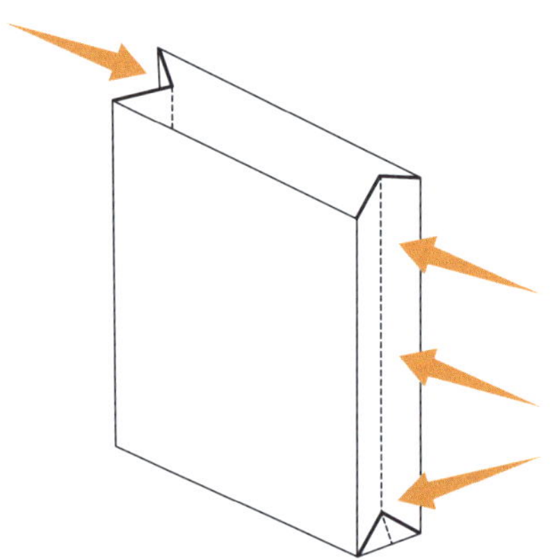

21. Geschafft!

Deine Papiertasche hat Stand und Form! Jetzt kannst du wählen, wie du sie tragen oder verschließen willst.

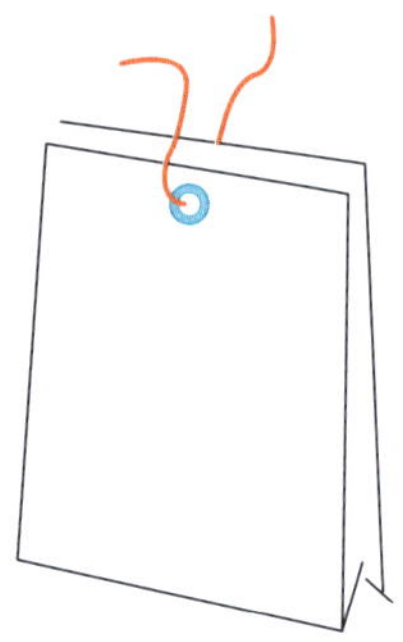

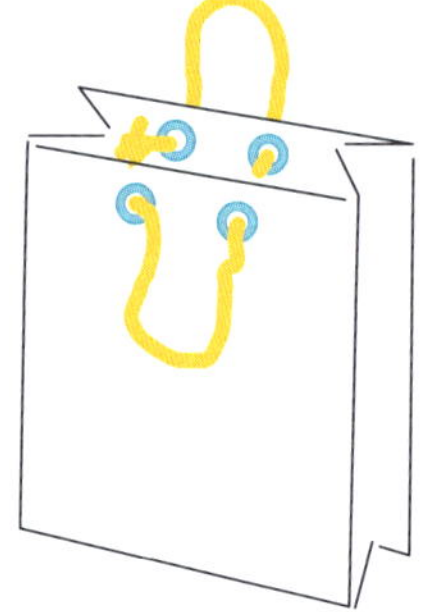

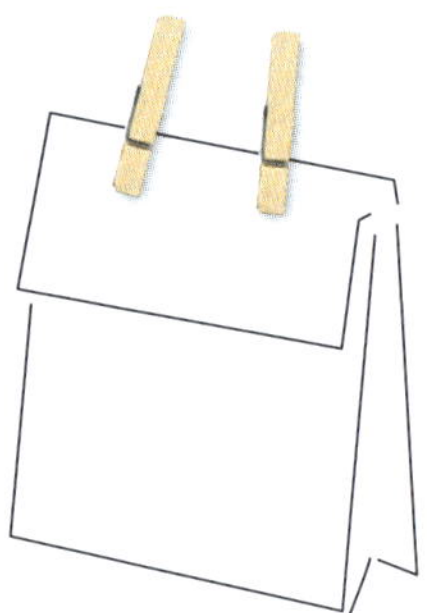

a. Loch in der Mitte, Band zum Zubinden: der Falter als liebevoll hergestellte Geschenkverpackung

b. Zwei Löcher, innen verknotete Schnur als Henkel: der Falter als neue Tragetasche für Leichtes

c. Oben umschlagen, Kluppen drauf: der Falter als kreatives Überraschungssackerl oder stehende Aufbewahrung

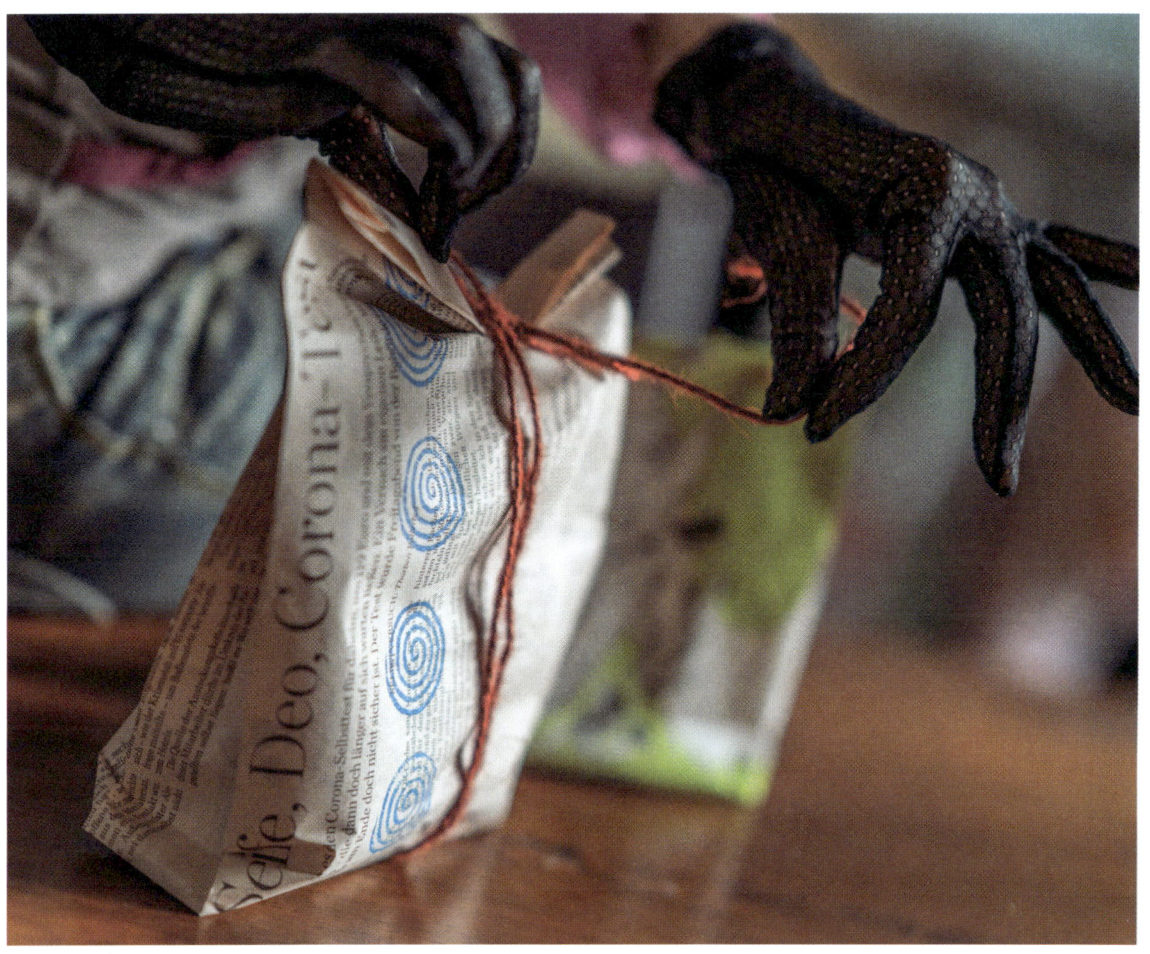

Da geht noch was! Fürs Packerlmachen lässt sich echt viel upcyceln. Geh auf Schatzsuche! Alte Haarspangen, Büroklammern, ein einsamer kitschiger Ohrclip oder Kluppen erzielen spannende Effekte als Verschluss eines Überraschungssackerls. Oder spiel dich mit dem Verschnüren: Ein mehrfach gefalteter Papierrand (wie hier auf dem Bild) klappt fächerartig in die Höhe, wenn du die Schnur in der Mitte fester anziehst. Experimentiere einfach ein bisschen!

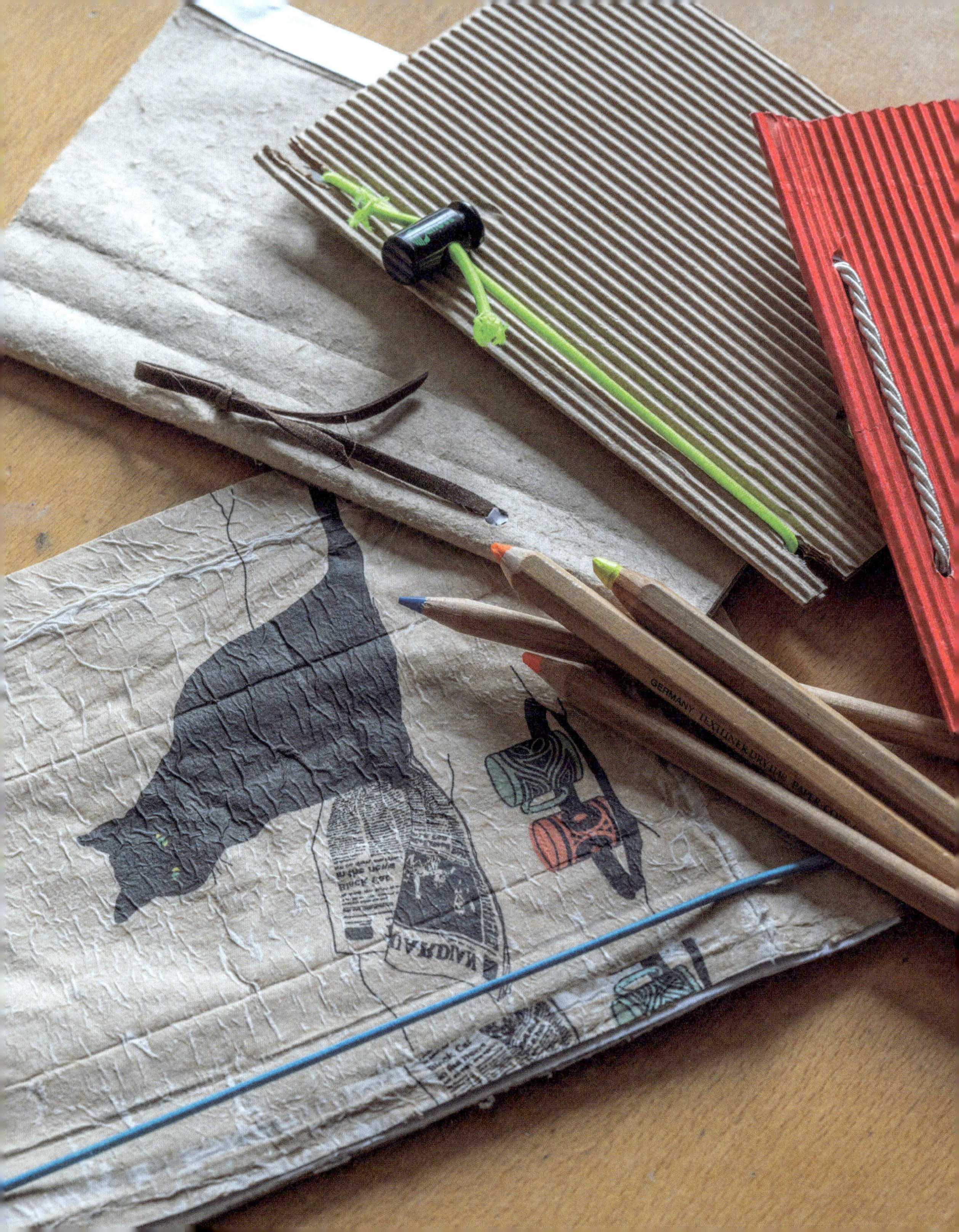
GERMANY
GUARDIAN

Notizbuch
PAPER_BACK

Du brauchst:

- Altpapier, das auf einer Seite weiß (unbedruckt) ist
- 25 cm reißfestes Band oder eine Gummischnur
- Schere
- Lineal und Bleistift
- Bürolocher oder Lochzange

Vorbereitung, Tipps, Alternativen:

- Altpapier mit weißer Seite sind z. B. einseitige Ausdrucke, manche Kalender, Postwurfsendungen, Glückwunschkarten …
- Wer ein Cover (Umschlag) gestalten möchte: Dafür eignen sich festere Materialien wie z. B. Postkarten, Tetrapak, Wellpappe …
- Reißfest sind z. B. Paket- oder Geschenkband, Schuhbänder, Lederriemen …
- Länge bei der Variante mit Gummi: doppelte Höhe des Notizbuches plus Zugabe, um einen Knoten zu machen.

Und so geht's: **Variante mit Schnur**

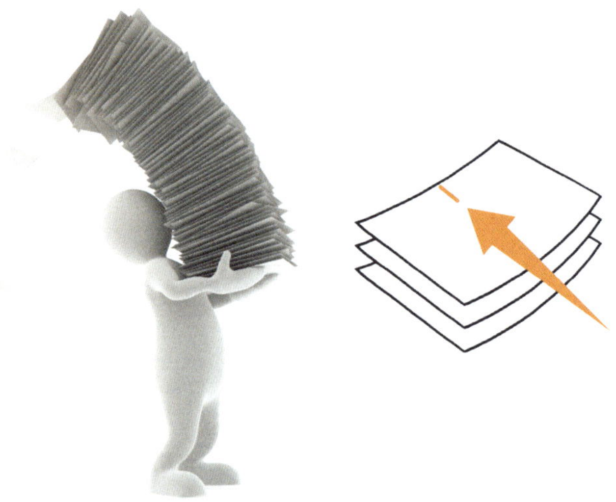

1. Leg Altpapier-Blätter so aufeinander, dass die leeren Seiten nach oben zeigen.

2. Falls nötig, schneide die Blätter gleich groß.

3. Markiere am linken Rand des obersten Blattes mit Bleistift zart die Mitte.

4. Mach mit dem Bürolocher (oder der Lochzange) in alle Blätter links zwei Löcher.

Tipp: Ein paar Blätter lassen sich immer zusammen in den Locher schieben. Eine markierte Mitte hilft, den Locher überall an der gleichen Stelle anzusetzen.

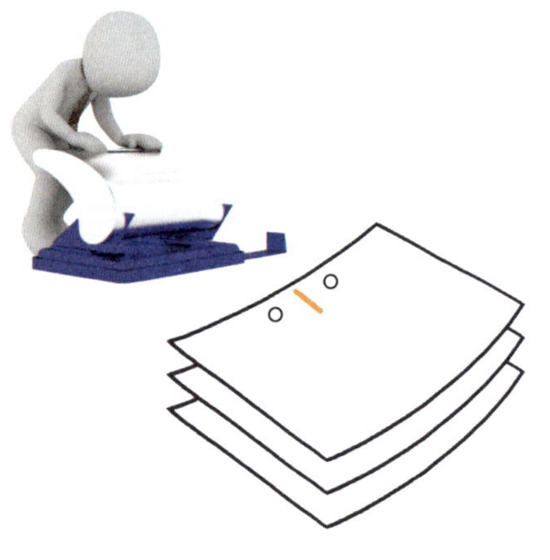

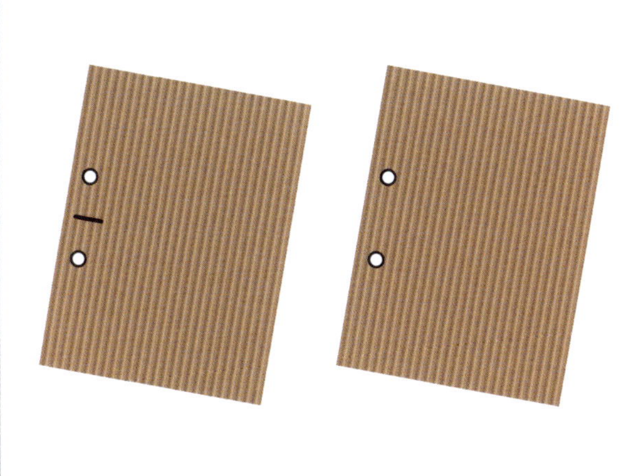

5. Schneide für das Cover aus einem festeren Material zwei Deckel, die genau so groß wie deine Blätter sind.

6. Markiere die Mitte und loche sie wie die Blätter.

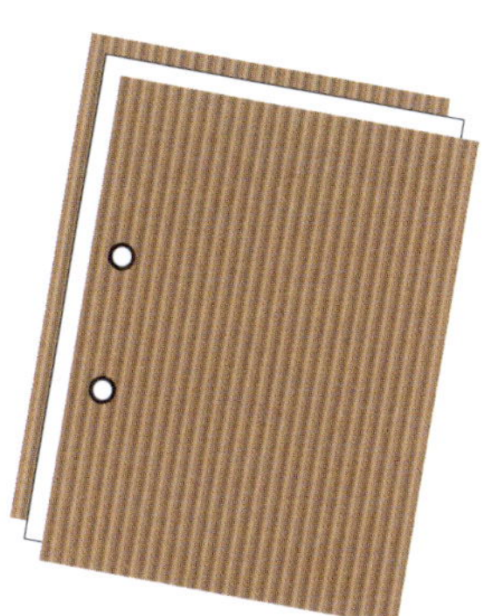

7. Schlichte alle Blätter zwischen die beiden Deckel.

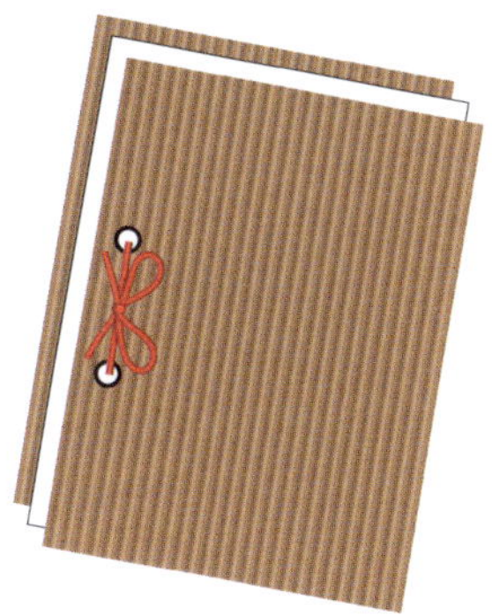

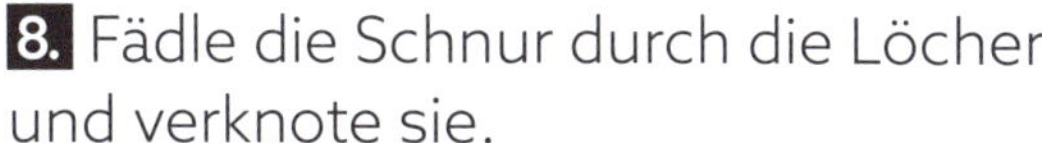

8. Fädle die Schnur durch die Löcher und verknote sie.

Tipp: Der Knoten verschwindet, wenn du die Schnur anders positionierst. Ziehe sie so zurecht, dass der Knoten innen unter dem Cover oder zwischen den Blättern liegt.

9. Mach in das vordere Cover neben der Schnur einen Falz. Biege das Cover nach links, streiche den Falz fest und klapp das Cover zurück.

So lässt sich das Paper_back bequemer öffnen.

Entlang der gepunkteten Linie einen Falz in das vordere Cover biegen

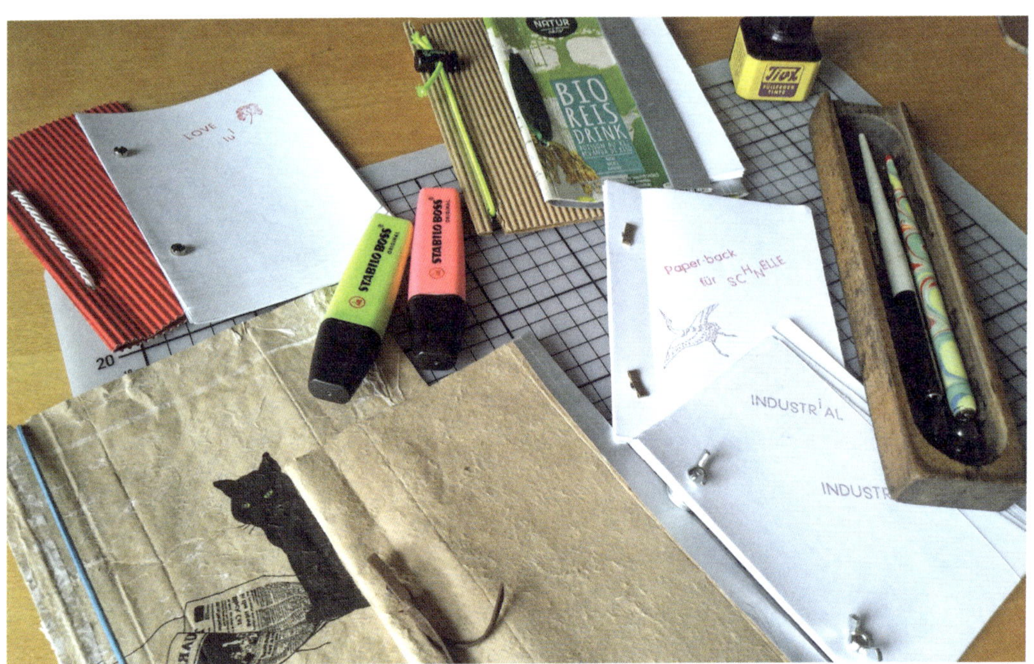

Richtige Formwandler, diese Paper_backs. Mit oder ohne Cover, zusammengehalten von Bändern, Gummischnüren oder durch Schrauben: Du kannst für jeden Bedarf einen individuellen Notizblock gestalten. Auch als kreatives Geschenk macht sich so ein Block gut. Wie wäre es z. B. mit einem Foto von dir und dem Beschenkten als Cover?

Variante mit Gummi

Schritte **1.** und **2.** wie in der Variante mit Schnur.

3. Miss bei Blättern und Cover je zwei Zentimeter vom linken Rand. Mach oben und unten eine kleine Markierung.

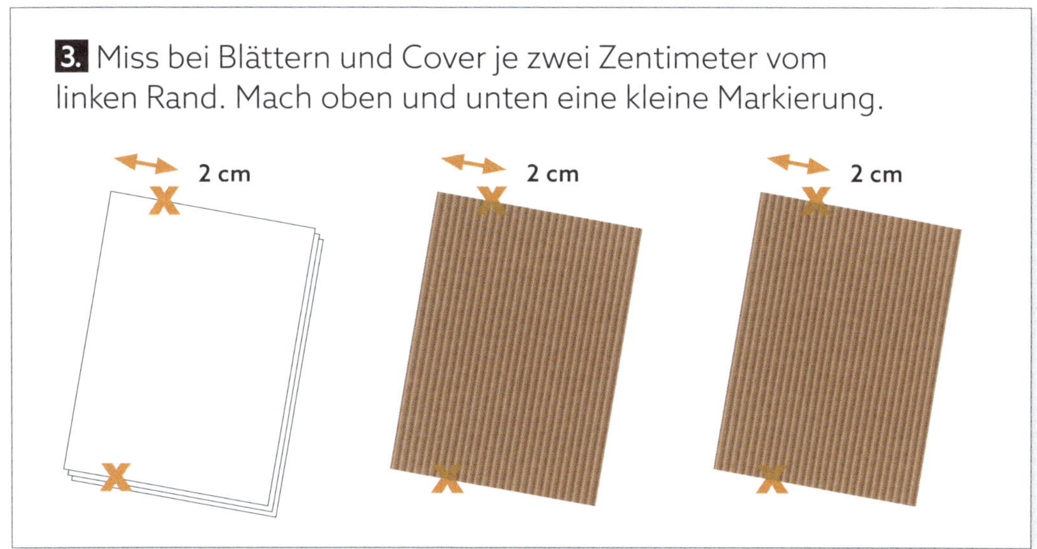

4. Schneide an jeder Markierung eine kleine Stelle aus.

Tipp: Das geht auch mit dem Locher. Setze ihn so an, dass sein Stanzer nur einen Halbkreis aus dem Material „frisst".

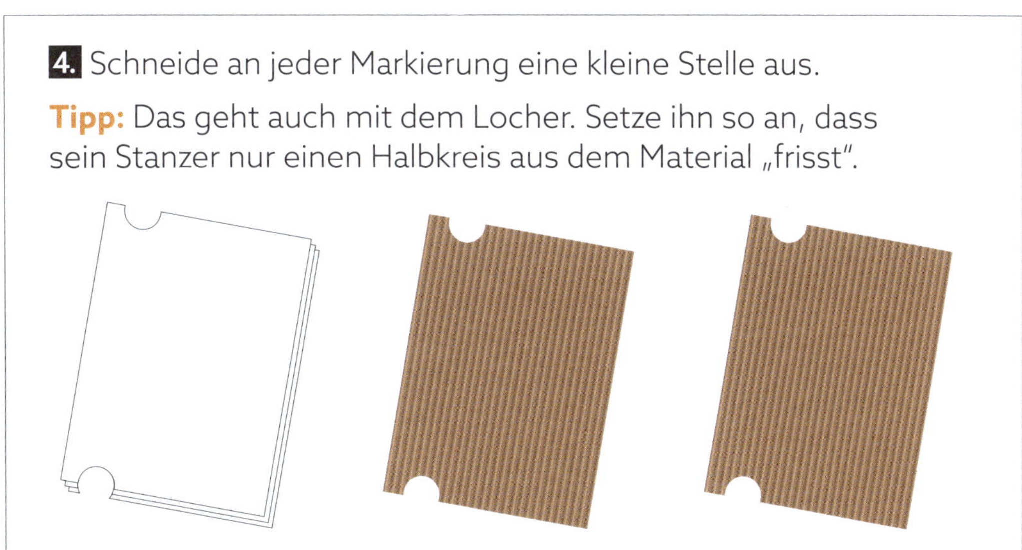

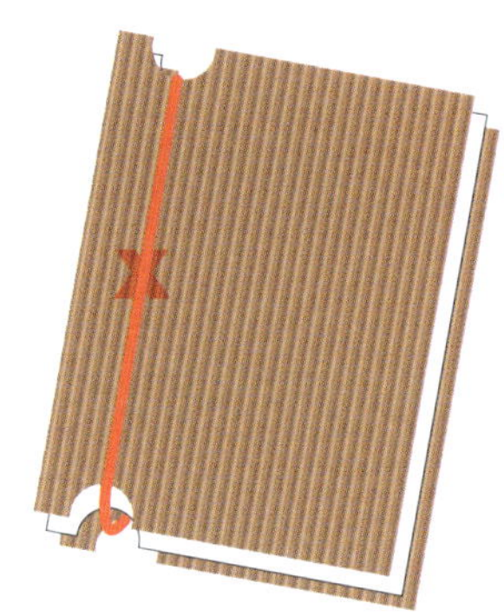

5. Schlichte alle Blätter zwischen die Cover-Deckel.

6. Binde alles so mit der Gummischnur zusammen, dass sie durch die kleinen Aussparungen läuft.

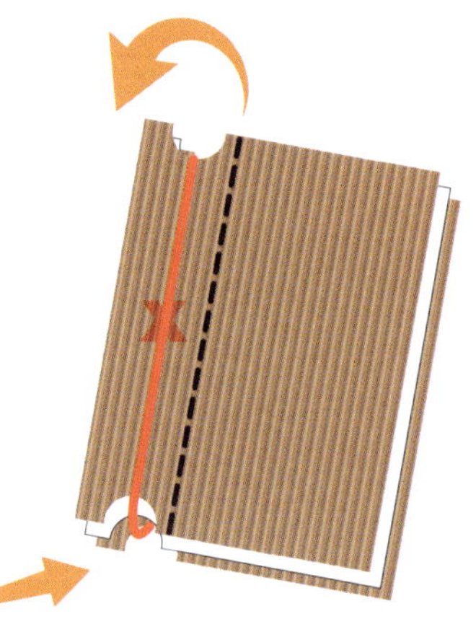

7. Mach in das vordere Cover knapp neben der Schnur einen Falz.

Biege das Cover nach links, streiche den Falz fest und klapp das Cover wieder zurück.

Entlang der gepunkteten Linie einen Falz in das vordere Cover biegen

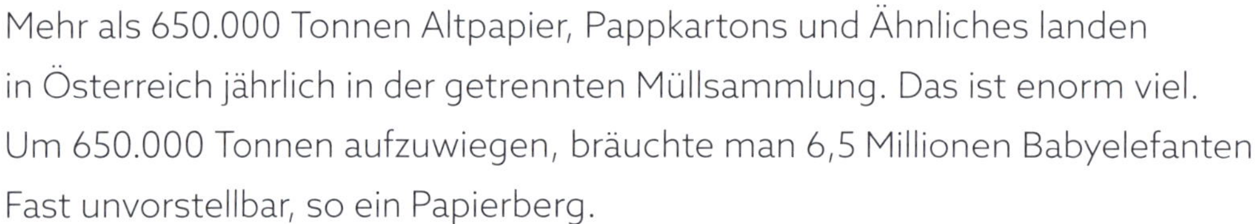

Da schau her!

Mehr als 650.000 Tonnen Altpapier, Pappkartons und Ähnliches landen in Österreich jährlich in der getrennten Müllsammlung. Das ist enorm viel. Um 650.000 Tonnen aufzuwiegen, bräuchte man 6,5 Millionen Babyelefanten. Fast unvorstellbar, so ein Papierberg.

Variante Express

Schritte **1.** und **2.** wie in der Variante mit Schnur.

3. Steck je eine Post-Klammer durch die Löcher im Blätter-Stapel und biege unten die Füßchen auseinander. Fertig ist der Express-Block!

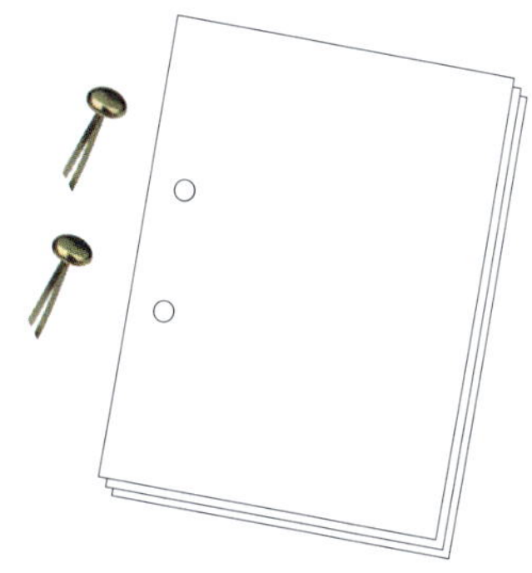

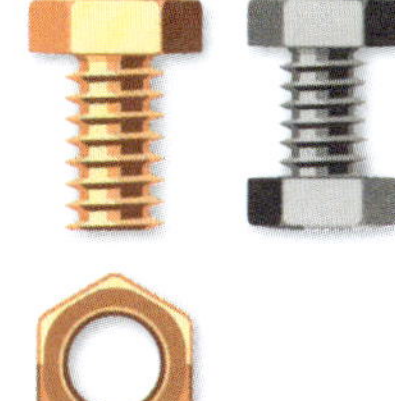

Alternative Heavy Metal:
Je eine Metallschraube durch die Löcher stecken, unten die passende Mutter draufschrauben. Herrliches Industrie-Design!

Wirkt besonders gut bei dickeren Paper_backs.

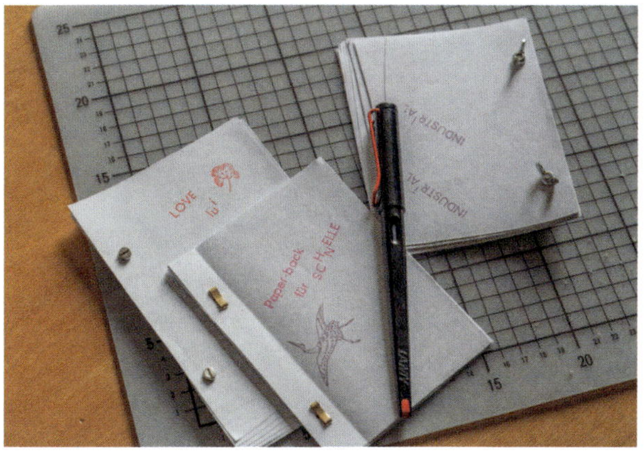

Klares Industrie-Design ist einfach schön. Reduziere etwas auf das Wesentliche – wie hier ein paar Blätter mit Verschluss – und du erschaffst ein Kunstwerk. Falls du freigiebig bist und es einem lieben Menschen schenken willst: Signiere es auf der ersten Seite!

Grundbehandlung **TETRAPAK**

Du brauchst zum Üben:

- Tetrapak (leer und gereinigt), z. B. von Milch, Saft, Sojadrink ...
- Schere

Vorbereitung, Tipps, Alternativen:

- Tetrapaks bieten eine gute Form für wasserdichte Behälter und Utensilos.
- Wenn du flaches Tetra-Material brauchst: Schneide Deckel und Boden weg, schlitze den Tetrapak an einer Seitenkante von oben bis unten auf und streiche das Material glatt.

Und so geht's:

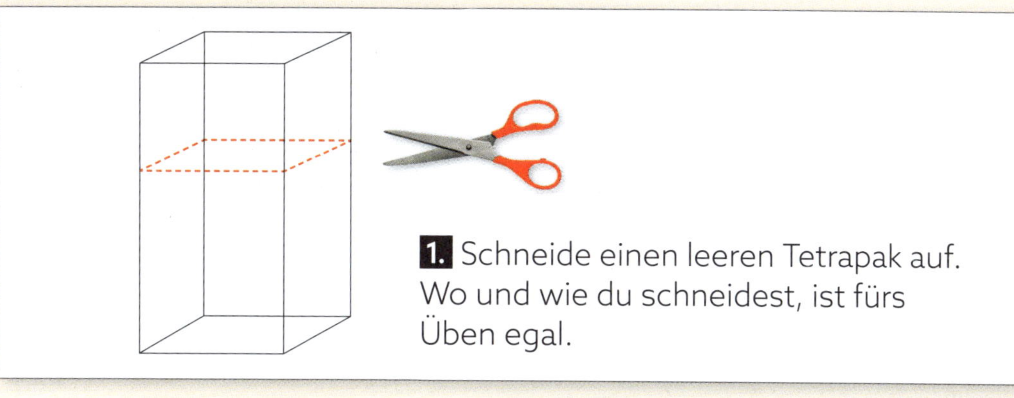

1. Schneide einen leeren Tetrapak auf. Wo und wie du schneidest, ist fürs Üben egal.

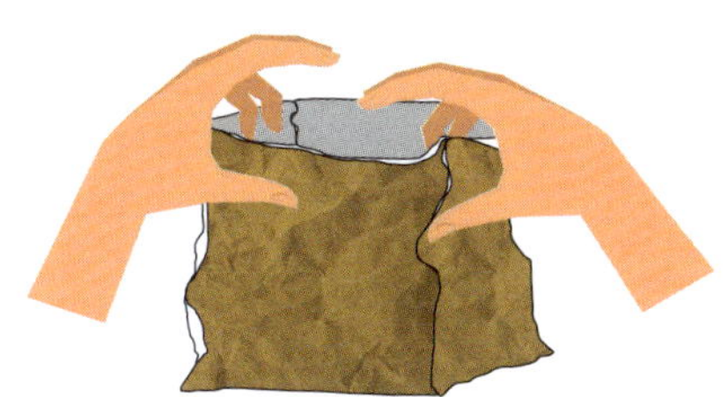

2. Knüll den Getränkekarton kräftig zusammen. Verknuddle das Material, drücke und quetsche es vor allem oben an den aufgeschnittenen Rändern.

Tipp: Wenn du später einen Behälter willst, der eben und gerade stehen soll, dann versuche, den Boden nicht zu zerknüllen.

3. Nach dem Zerknüllen lässt sich die äußere, bedruckte Schicht vom Karton lösen. Falls nötig, hilf mit dem Fingernagel nach oder zerknülle den Karton noch fester. Zieh die äußere bedruckte Schicht ab, ähnlich wie beim Schälen von gekochten Erdäpfeln.

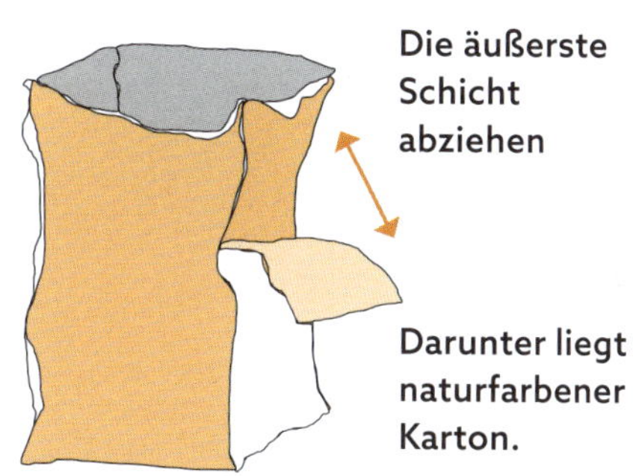

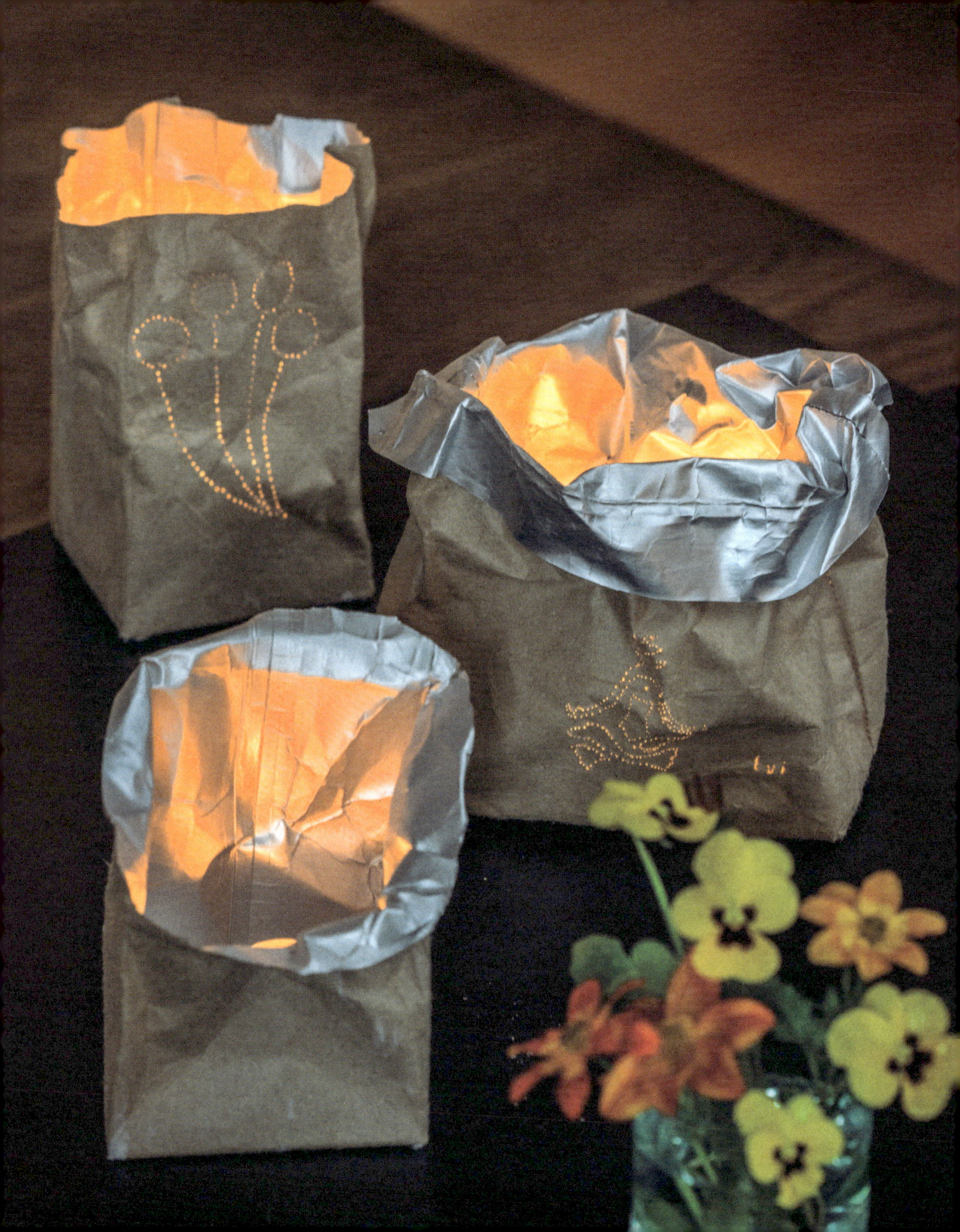

Kerzenhalter
LICHTSACKERL

Du brauchst:

- Tetrapak
- Schere
- Optional zum Verzieren: Locher oder starke Nadel

Vorbereitung, Tipps, Alternativen:

- Auf Seite 51 siehst du, wie sich Tetrapak „abschälen" lässt.
- Je höher das Lichtsackerl, desto weniger Kerzenschein leuchtet heraus.
- Beginne einmal mit 8 bis 12 cm Höhe. Oder nimm mehr und schlage am Schluss den Rand des Sackerls um.

Und so geht's:

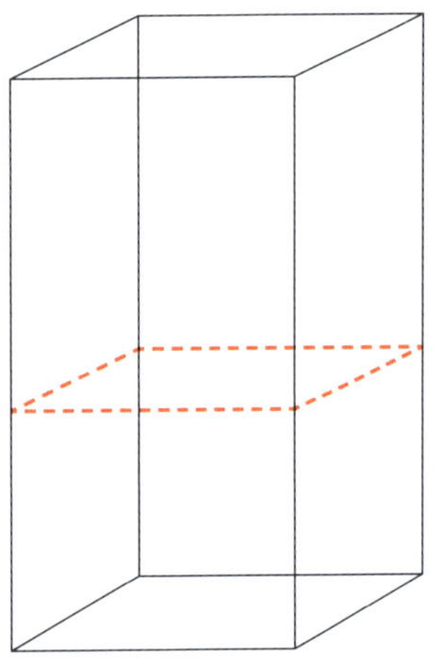

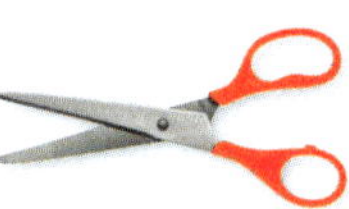

1. Nimm einen leeren Getränkekarton und schneide ihn auf der gewünschten Höhe ab.

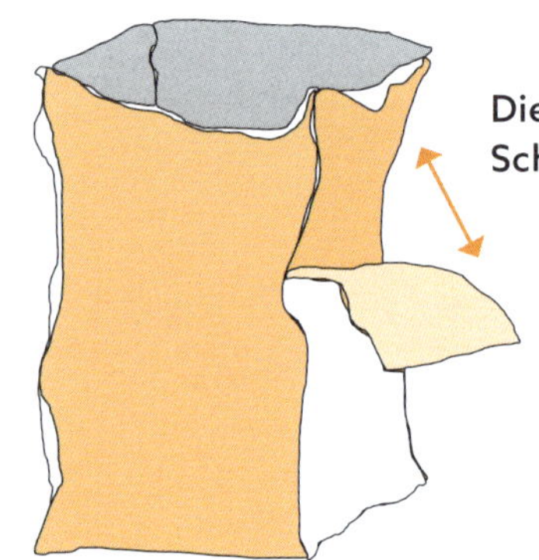

2. Schäle die äußerste Schicht ab. Zum Vorschein kommt natur- oder cremefarbener Karton. Ganz innen ist eine silberne Folie. Seite 51 zeigt dir, wie das geht.

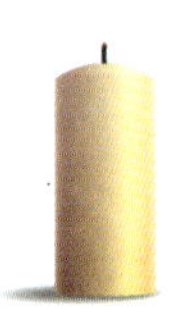

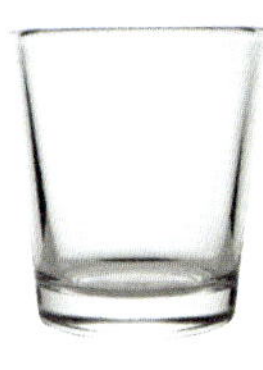

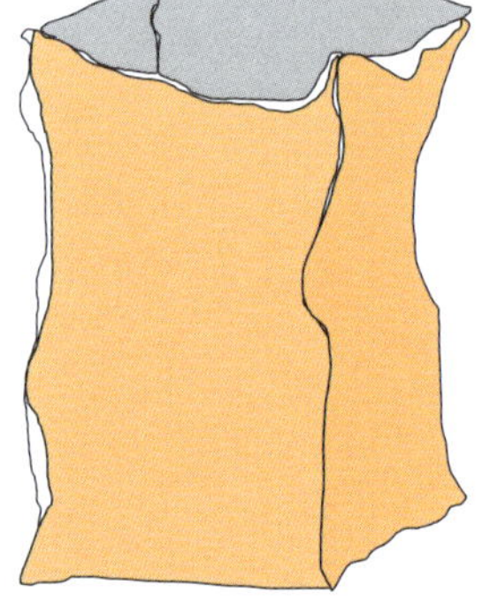

3. Stell eine Kerze in ein kleines Glas und beides zusammen in das Sackerl. Die Silberfolie reflektiert das Licht und im Dunkeln wirkt es, als ob das Säckchen selbst leuchten würde.

Varianten

Gestalte das Lichtsäckchen mit wenigen Handgriffen individuell.

SchlagUmSchlag

- Biege das obere Ende des Lichtssackerls um – schon hat es einen silbernen Rand.
- Streiche den Rand glatt oder zerknittere ihn – beides sieht gut aus.
- Biege vorne mehr Material für den Rand herunter als hinten.

All das gibt deinem Design-Stück ganz unterschiedliche Effekte

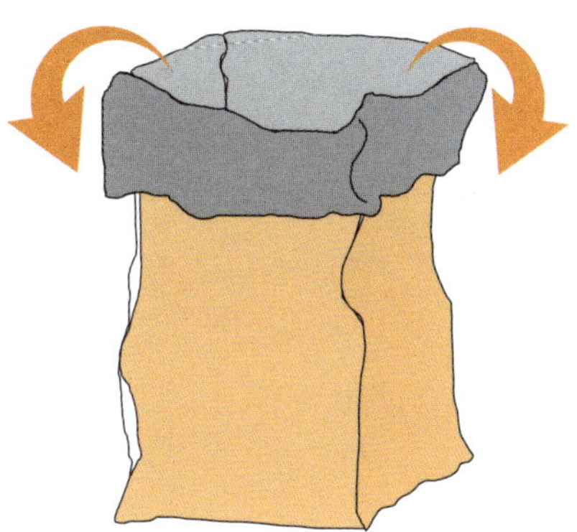

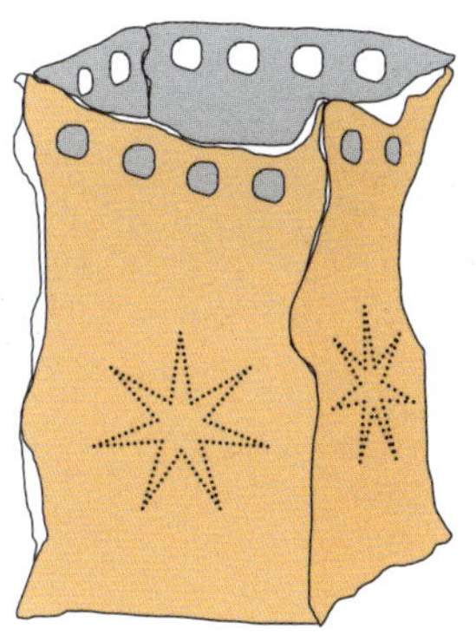

Tattoo

- Nimm eine Nadel und durchlöchere die Hülle. Viele kleine Löcher wirken wie ein Sternenhimmel, wenn die Kerze brennt.
- Leg eine Schablone ans Sackerl und stich Löcher entlang ihrer Kontur. Oder tätowiere deinen Namen ins Tetra-Material!
- Stanze mit Lochzange oder Bürolocher eine Reihe gleichgroßer Löcher in den oberen Rand.
- Kombiniere, wie es dir gefällt!

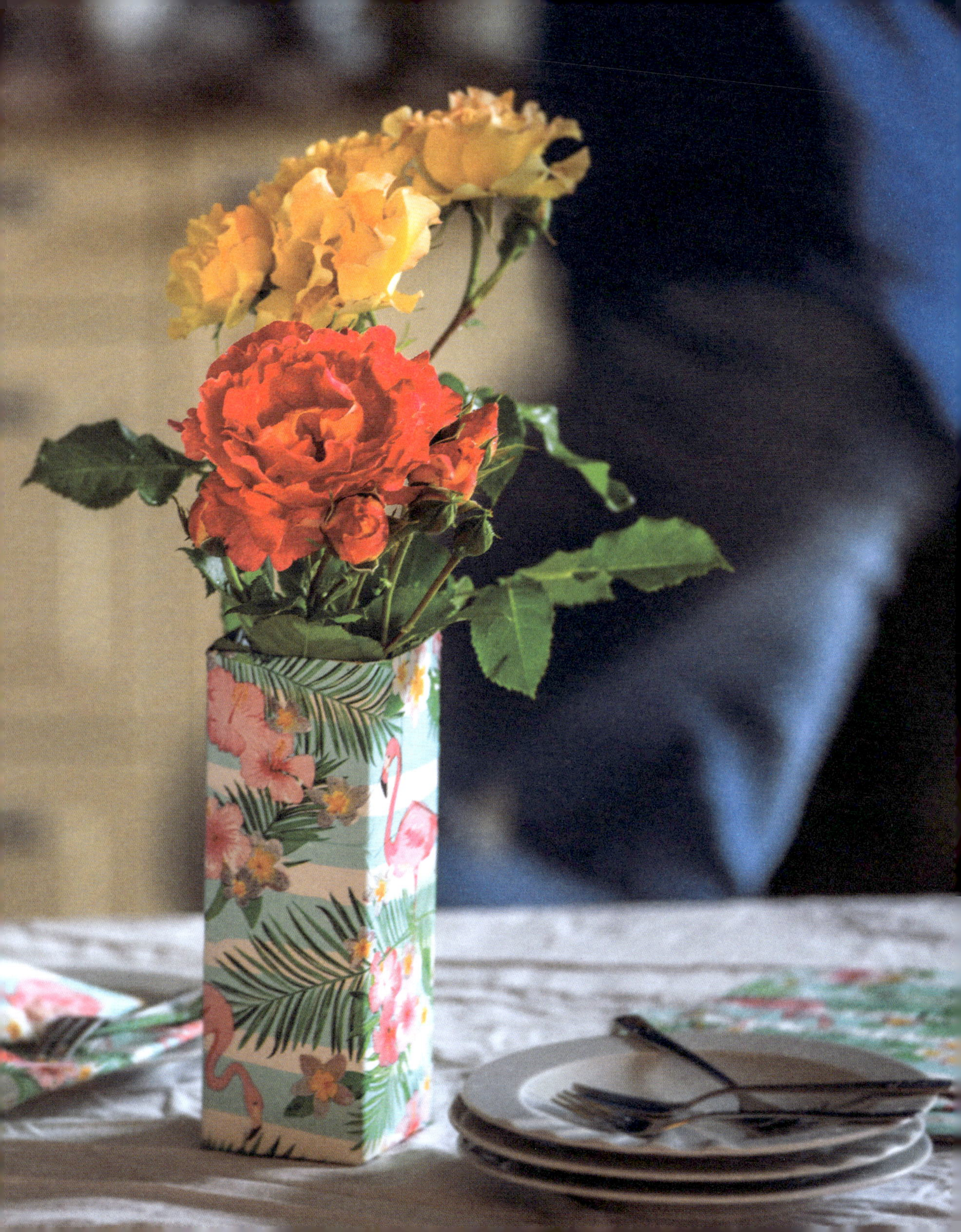

Vase Utensilo
TeA & U_do

Du brauchst:

- Tetrapak
- Schere
- ein paar Steine

Vorbereitung, Tipps, Alternativen:

- Für Vasen eignen sich hohe Tetrapaks mit 1 Liter Volumen.
- Utensilos kann man in jeder Größe herstellen – je nachdem, was drinnen griffbereit sein soll.
- Schon an eine liegende Vase gedacht? Schneide beim Tetrapak statt des Deckels eine Seitenwand weg. TeA in quer macht echt was her.
- Wenn du TeA oder U_do individuell verzieren willst: Tu es! Anregungen und Techniken findest du ab Seite 114.

Und so geht's:

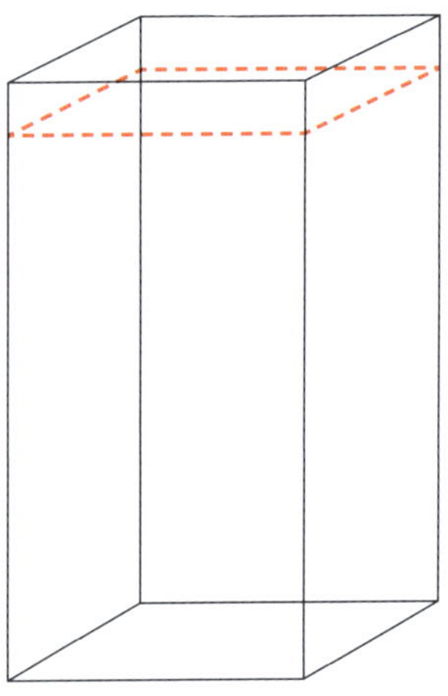

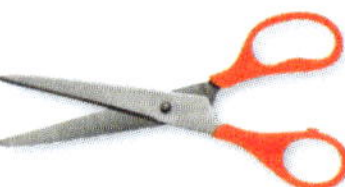

1. Nimm einen leeren Tetrapak und schneide rundherum das Oberteil weg.

Falls du dickes Papier oder Tapete zur Verzierung wählst: Fast fertig! Schau auf Seite 126, dort siehst du, wie „Kleisterkleid" funktioniert. Sonst: Weiter zu Schritt 2!

2. Zieh die äußerste Schicht ab, wie auf Seite 51 beschrieben.

Falls es geht: Zerknülle den Boden dabei nicht. Dann steht die Vase später besser.

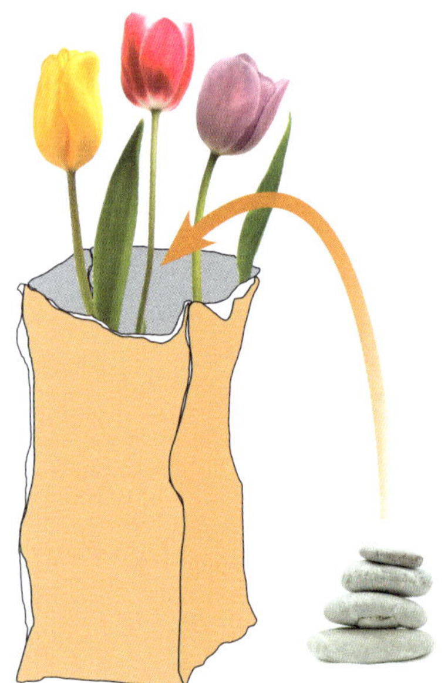

3. Tätärätä! **Vase TeA** in Variante „Natur" ist fertig.

Bevor du Wasser und Blumen hineingibst: Leg innen auf den Boden ein paar Steine. So steht die Vase stabiler.

U_do = TeA ohne Wasser

Im Handumdrehen hast du auch ein Utensilo im Basic-Look. Falls U_do mit seiner Last schwankt: Gib ihm ein paar Steine auf den Boden.

Genial an U_do ist:
Du kannst ihn auf jede Länge kürzen. So produzierst du schicke Schachteln für Büroklammern, Seife oder Malwasser – was immer dir einfällt. Was fällt dir ein!?

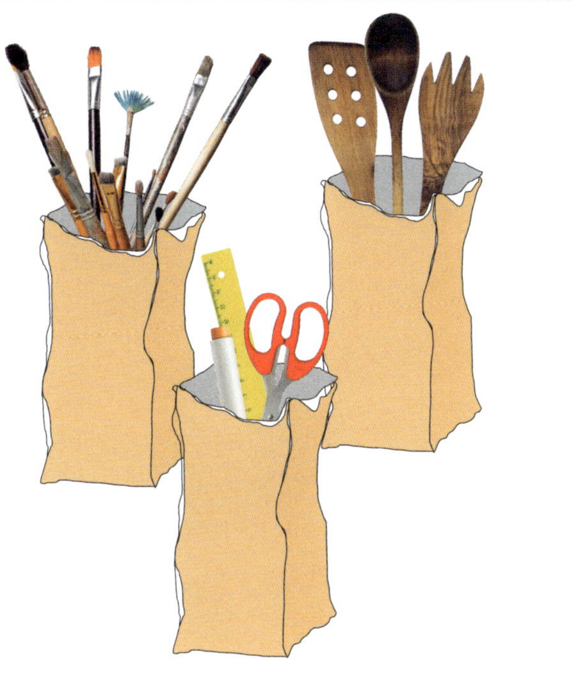

Tipp: Auch Hut kommt gut. Schau mal auf Seite 65, ob du TeA oder U_do vielleicht noch eins draufsetzen willst.

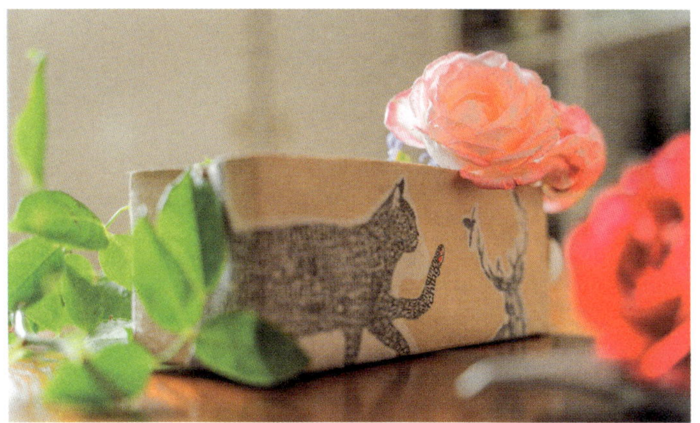

Vase „Querbeet_ein" hat nicht jeder. Sieht aber toll aus – für eine einzelne Blütenkuppel genauso wie für ein Rechteck voller Rosen. Wichtig ist hier: Pass auf, dass du den Ausguss des Tetrapaks nicht verletzt. Das Ding muss dichthalten.

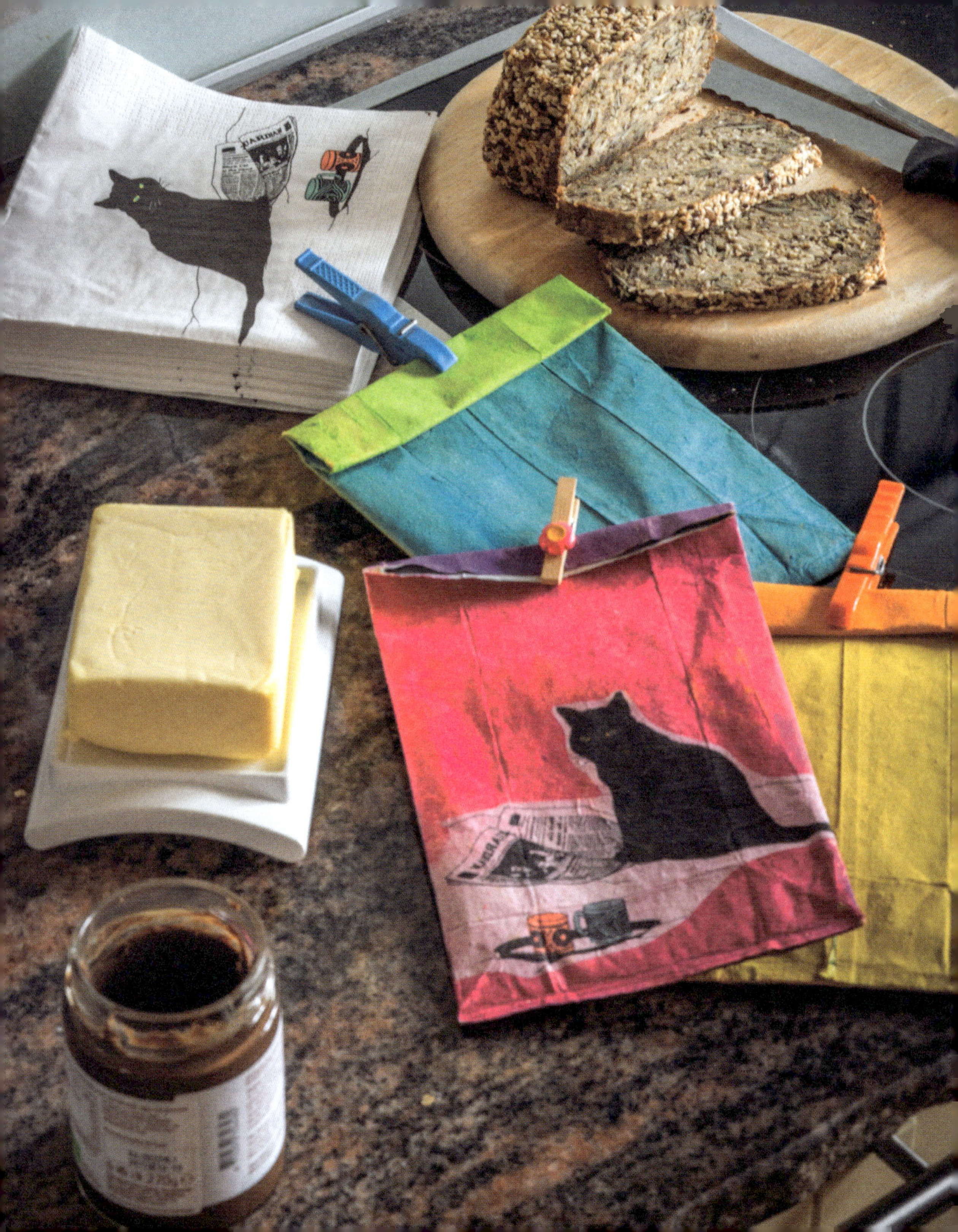

Jausenwrap
FLACHMANN

Du brauchst:

- Tetrapak
- Schere

Vorbereitung, Tipps, Alternativen:

- Um das Jausensackerl zu verschließen, findet sich in jedem Haushalt etwas: Schnur oder Band, Gummiringerl, Kluppe, Klettverschluss …
- Leg dir einen kleinen Vorrat zu. Schneide leere Tetrapaks gleich nach dem Austrinken auf, wasch sie innen gründlich aus und lass sie trocknen. So kannst du jederzeit loslegen, wenn du eine neue Bastelidee hast.

Und so geht's:

1. Öffne bei einem leeren Tetrapak den Verschluss und drück den Karton flach.

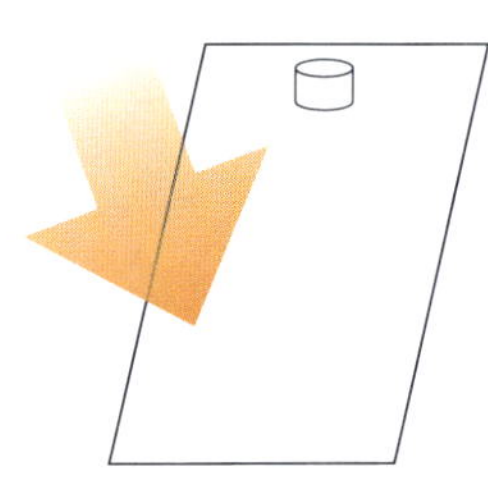

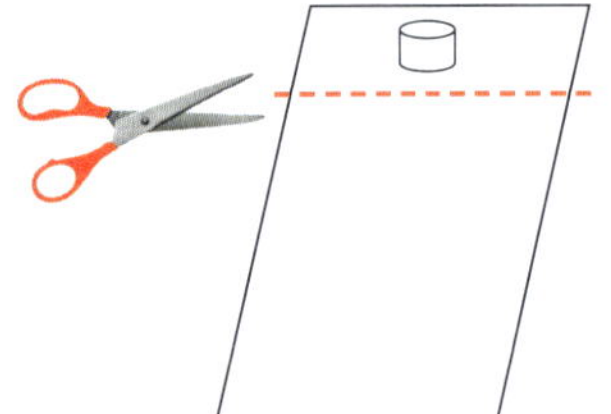

2. Schneide den Karton mit einem geraden Schnitt knapp unter der Ausgusslasche ab.

3. Tetrapak innen ausspülen und abtrocknen – außer du arbeitest eh schon mit trockenem Vorrat.

4. Zum Verschließen schlage das Sackerl oben ein- oder zweimal um. Mit Kluppe, Klemme, Gummiringerl oder Band lässt es sich zumachen.

Wenn du das Tetrapak-Material verzierst, wird dein Jausenwrap unverwechselbar. Serviettentechnik (Seite 120) eignet sich besonders gut.

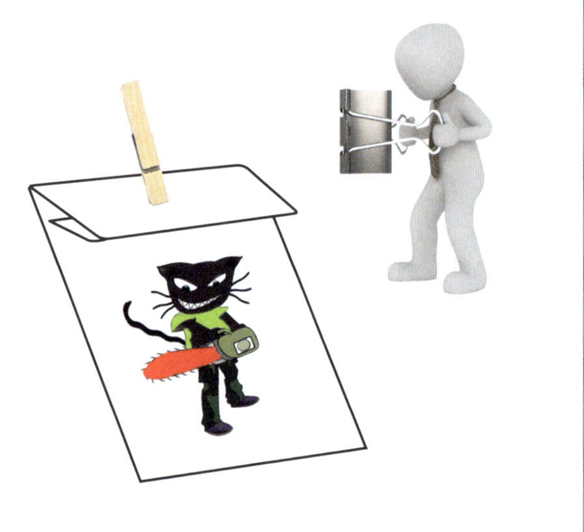

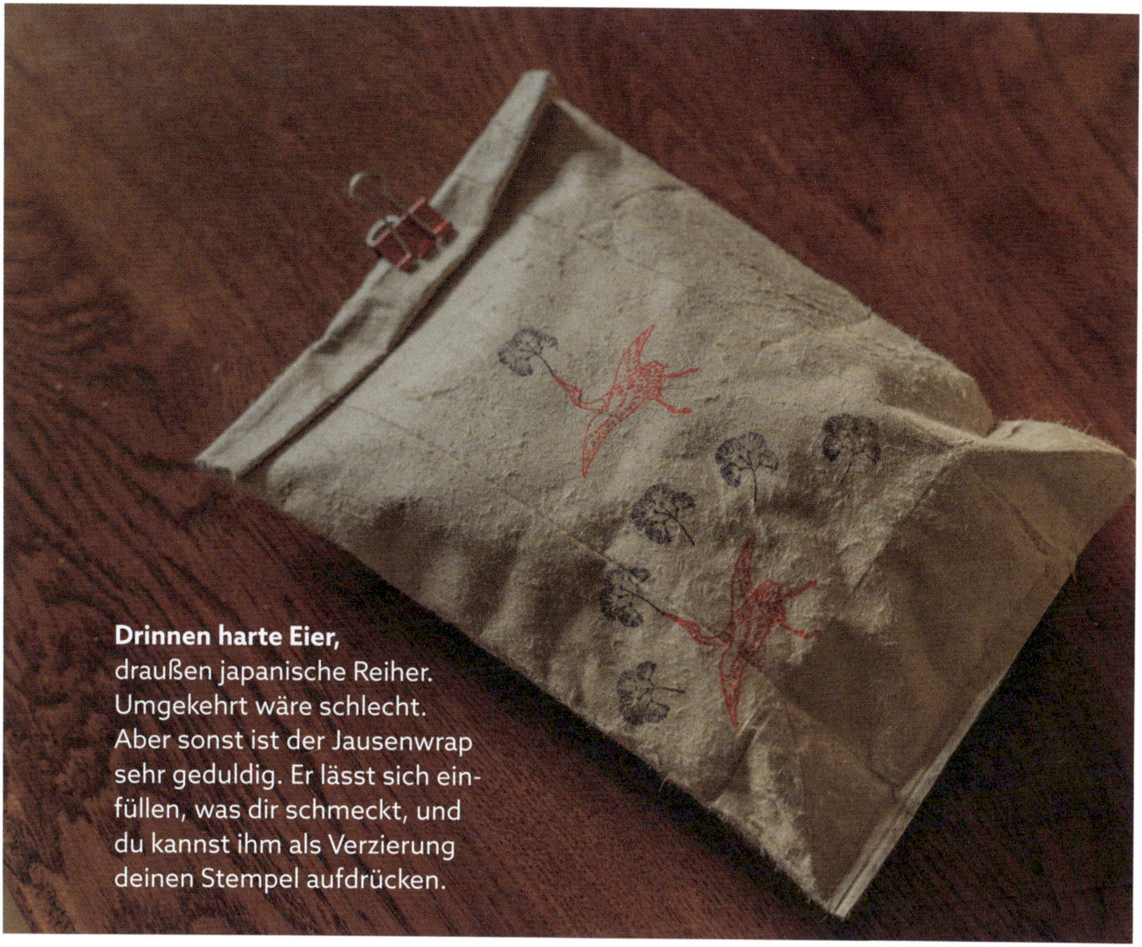

Drinnen harte Eier, draußen japanische Reiher. Umgekehrt wäre schlecht. Aber sonst ist der Jausenwrap sehr geduldig. Er lässt sich einfüllen, was dir schmeckt, und du kannst ihm als Verzierung deinen Stempel aufdrücken.

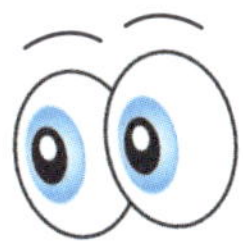

Da schau her!

25.000 Tonnen Tetrapak-Material kommen in Österreich pro Jahr in Umlauf. Das ist anderthalbmal so schwer wie der Eiffelturm in Paris – und der ist aus Stahl. Schade, dass wir in Österreich erst die Hälfte aller Tetrapaks getrennt sammeln. Da geht noch was!

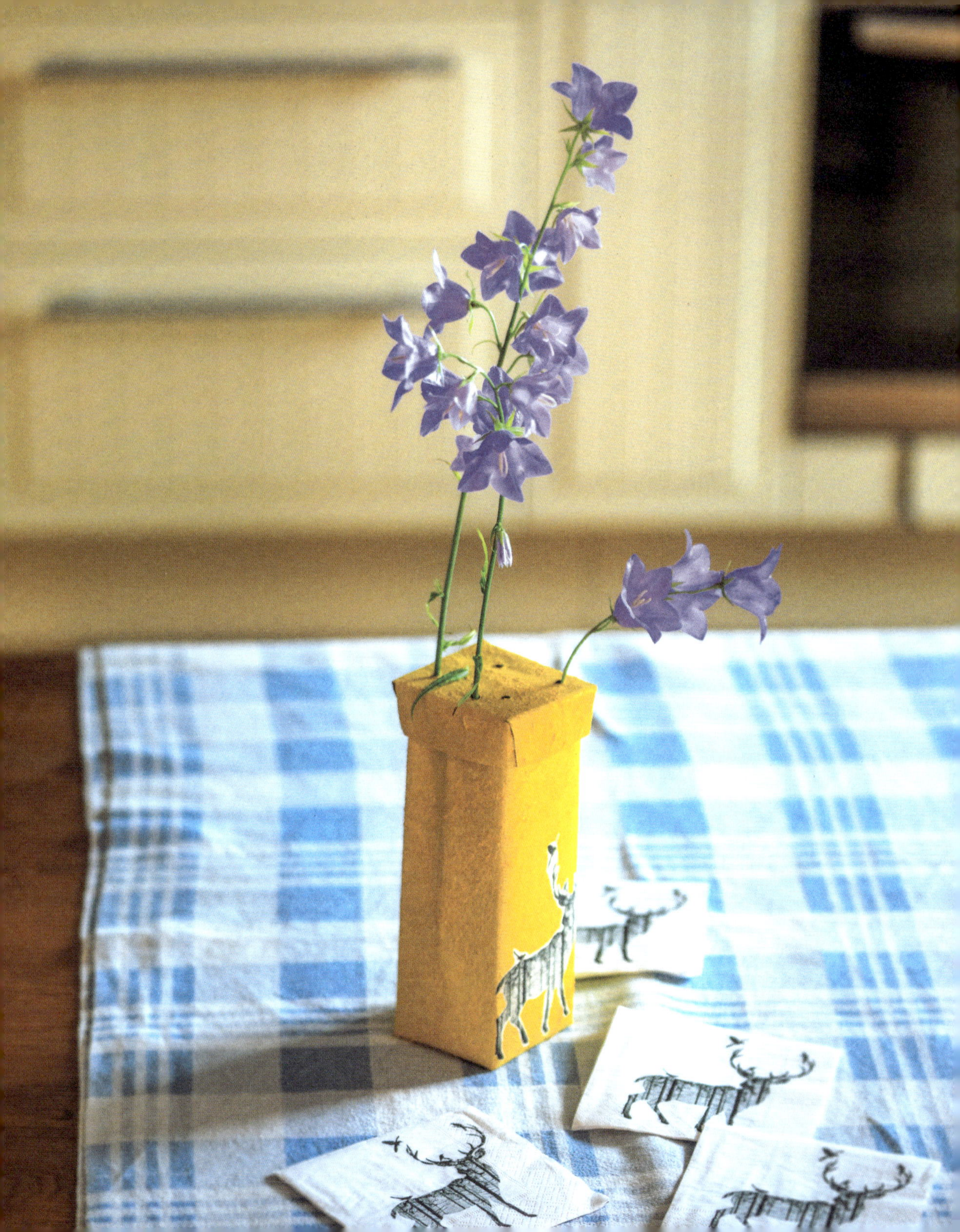

Deckel
TT-TOP

Du brauchst:

- Tetrapak
- Geodreieck und Stift
- Schere
- Kleber

Vorbereitung, Tipps, Alternativen:

- Ein Deckel einmal anders: Mit Löchern ermöglicht er dir, einzelne Blumen kunstvoll in der Vase zu arrangieren.
- Gibst du einen Deckel ohne Löcher auf ein Utensilo, hast du eine staubfreie Aufbewahrung – oder eine hübsche Geschenkschachtel.
- Statt Klebstoff lässt sich auch Doppelklebeband oder eine Heftklammer-Maschine einsetzen.

Und so geht's:

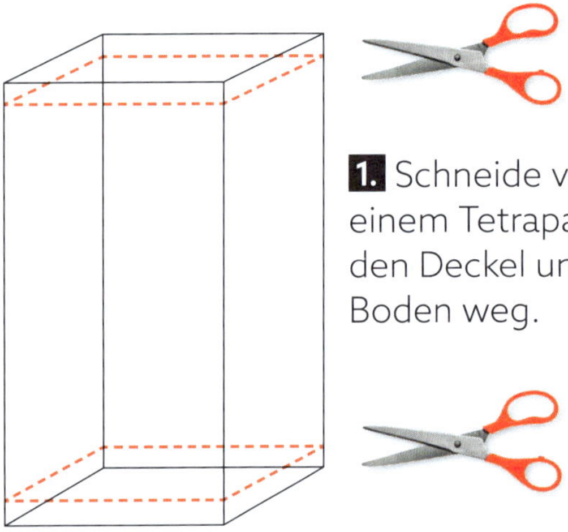

1. Schneide von einem Tetrapak den Deckel und Boden weg.

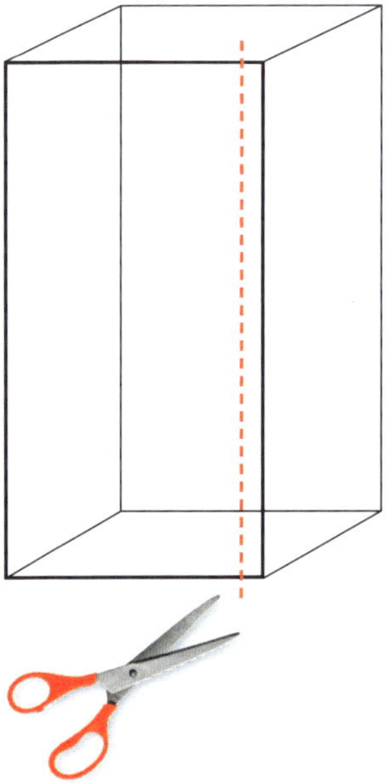

2. Schneide den Karton entlang einer Kante auf. Plätte das Material zu einem flachen Rechteck.

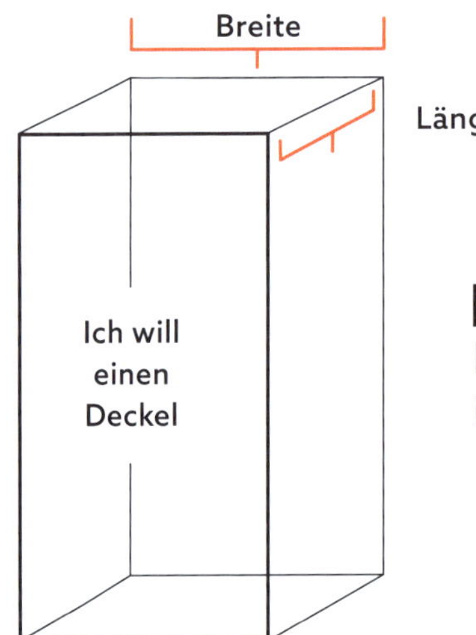

3. Nimm jenes Gefäß, das den Deckel bekommen soll. Dort misst du jetzt Breite und Länge der Öffnung ab.

4. Rechne zur gemessenen Länge und Breite deines Gefäßes (Schritt 3) je 5 Millimeter dazu.

Beispiel: Für ein Gefäß mit 7 cm Breite und 7 cm Länge soll die **Oberfläche des Deckels** 7,5 cm Breite und 7,5 cm Länge haben.

Der Rand des Deckels kommt extra dazu.

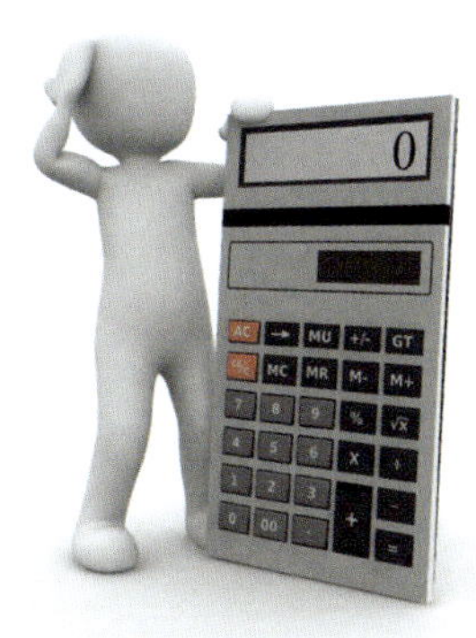

5. Zeichne mit einem Stift die **Oberfläche des Deckels** auf das flache Tetrapak-Material. In unserem Beispiel ein Quadrat mit 7,5 cm Seitenlänge.

6. Zeichne den **Rand des Deckels** wie einen Rahmen rundherum. Soll der Rand 3 cm hoch sein, addiere 3 zu Länge und Breite der Deckel-Oberfläche dazu. In unserem Beispiel: 7,5 + 3 = 10,5 cm Seitenlänge für den Rand.

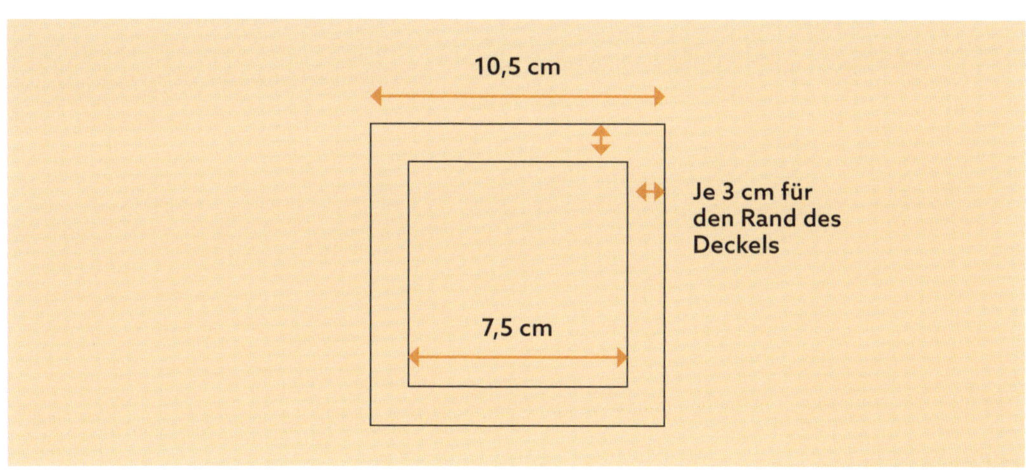

7. Schneide den äußeren Umriss aus.

8. Mach vier Schnitte wie skizziert **nur in den Rand.** Jeder Schnitt ist in unserem Beispiel 3 cm lang. Das innere Quadrat, also die Oberfläche des Deckels, wird nie angeschnitten.

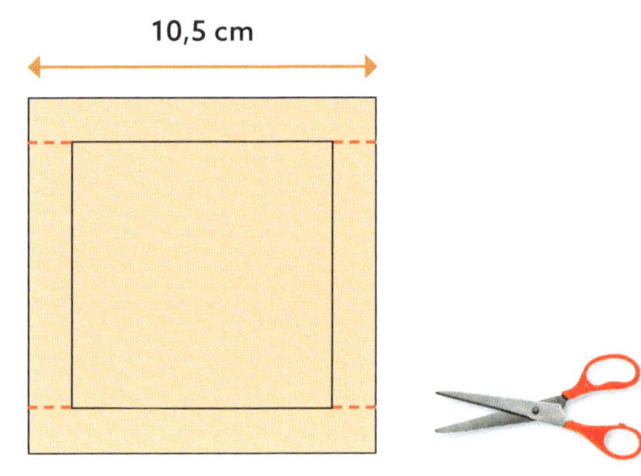

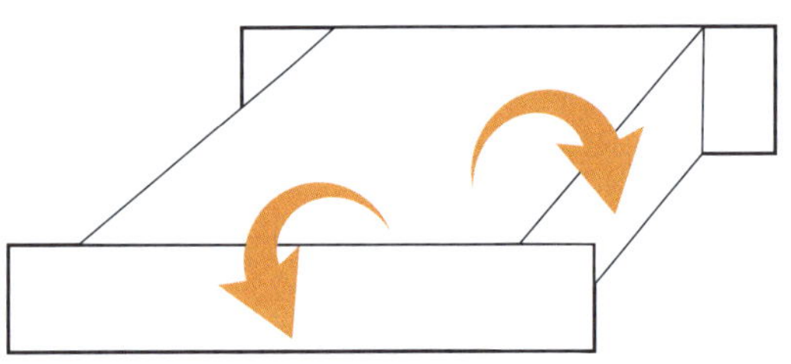

9. Forme den Deckel, indem du die Ränder umbiegst. Streiche die Falze fest.

Noch ist der Rand an zwei Seiten breiter, es stehen also Laschen über.

Klebstoff auftragen, an der Nachbarwand festdrücken. Gilt für alle 4 Laschen.

10. Knick die überstehenden Laschen um, damit sie einen Falz bekommen. Biege sie wieder auf und bestreiche sie mit Klebstoff. Danach drück sie fest auf das Randstück nebenan.

Tipp: Bis der Kleber trocken ist, kannst du die Laschen mit Büroklammern fixieren.

Fertig ist ein maßgeschneiderter Hut für Utensilo U_do!

Blumenkunst für Vase TeA

Wenn du eine einzelne oder wenige Blumen kunstvoll arrangieren willst: Gib Vase TeA einen Deckel mit kleinen Löchern! So halten die Blumen exakt, wo du sie hinstellst.

Tipp: Gleichmäßige Löcher lassen sich mit Lochzange oder Bürolocher stanzen. Am besten geht das, wenn der Deckel noch flach ist (Schritt 7). Wilde Löcher lassen sich jederzeit mit einer Schere stechen.

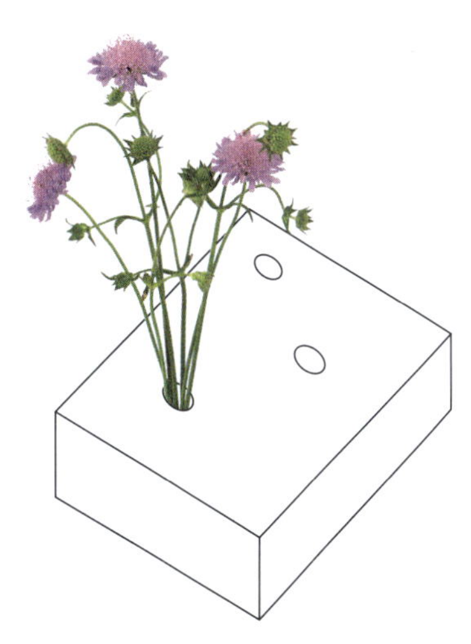

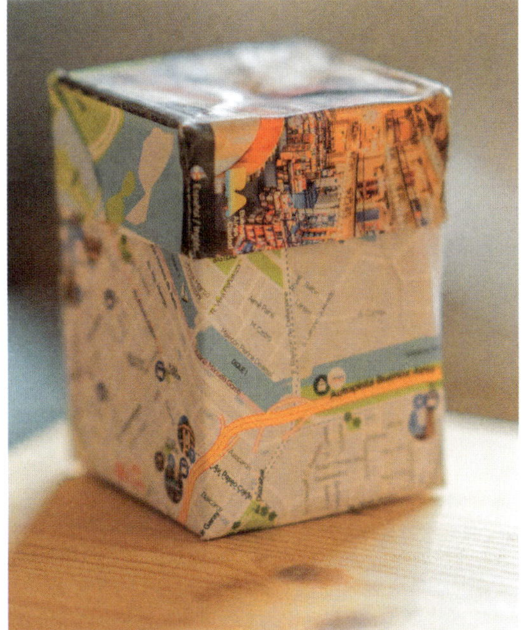

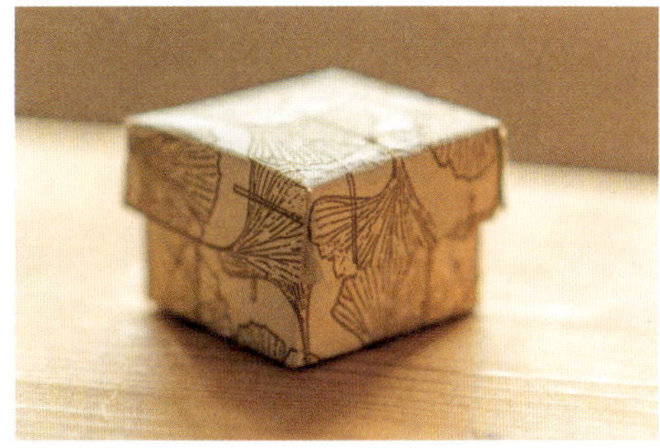

Jede Größe, jedes Muster: Utensilos und Geschenkschächtelchen mit Deckel kannst du ohne Ende neu erfinden. Ab Seite 114 siehst du ein paar Techniken fürs Gestalten.

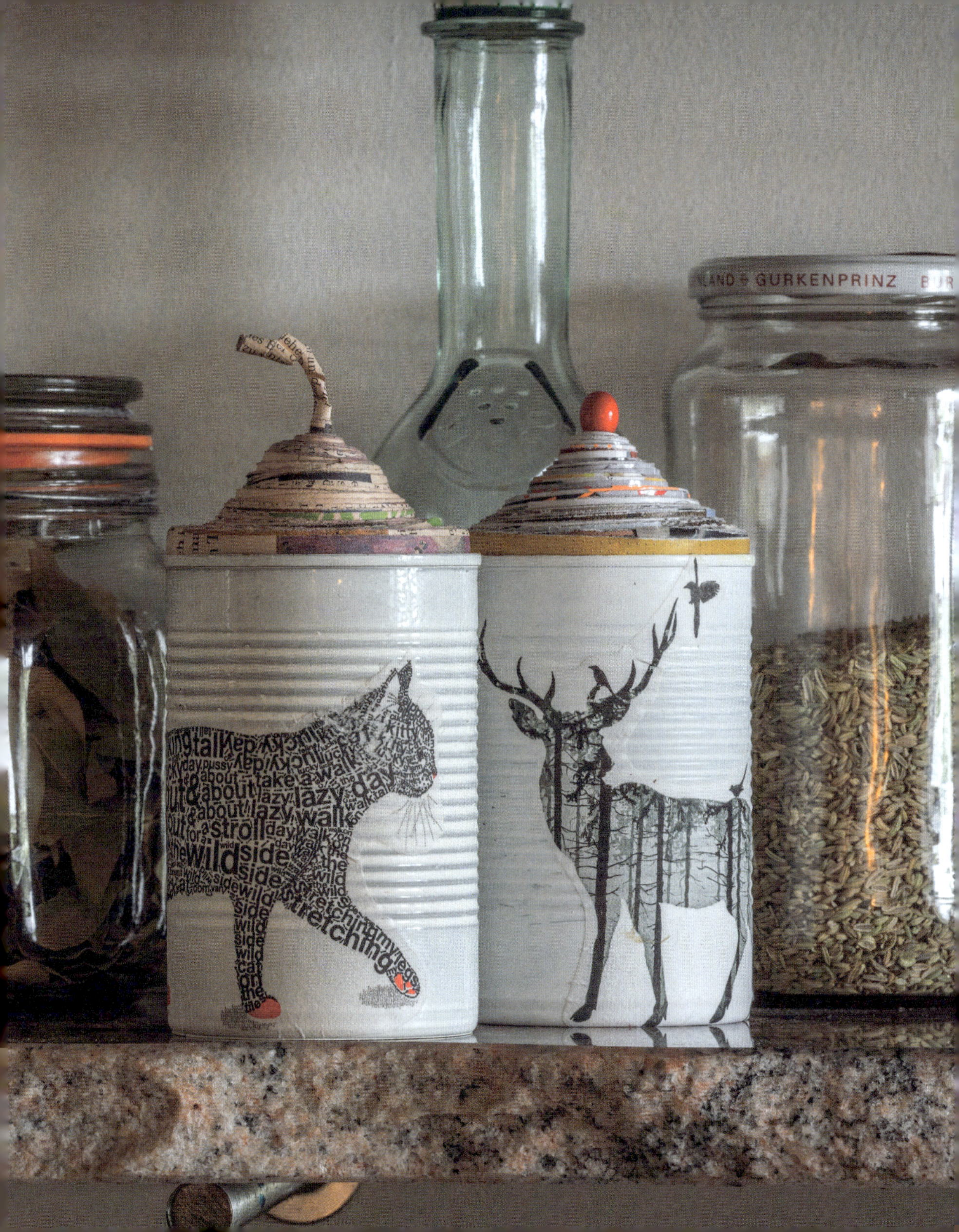
GURKENPRINZ

Deckel
POP-UP

Du brauchst:

- Altpapier
- Schere
- Lineal
- Stift
- Kleister
- abwaschbare Arbeitsunterlage

Vorbereitung, Tipps, Alternativen:

- Falls du an einen Aktenvernichter herankommst: Bingo! Der schneidet dir Papier in feinste Streifen. Selberschnipseln ist natürlich meditativer.

Und so geht's:

1. Nimm Papierblätter in einheitlicher Qualität, also z. B. lauter Seiten einer großen Zeitung oder lauter Seiten eines bunten Magazins. Zeichne in gleichmäßigen Abständen Linien auf dein Papier. Nimm dafür höchstens 1 cm Streifenbreite, weniger ist auch gut.

2. Schneide die Streifen ab und leg sie an einem trockenen Platz bereit.

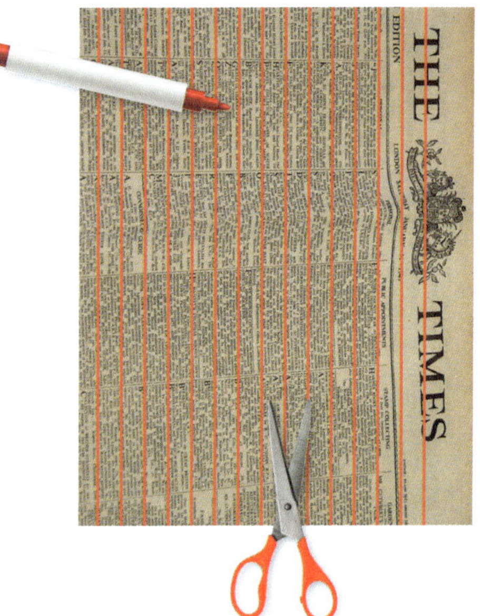

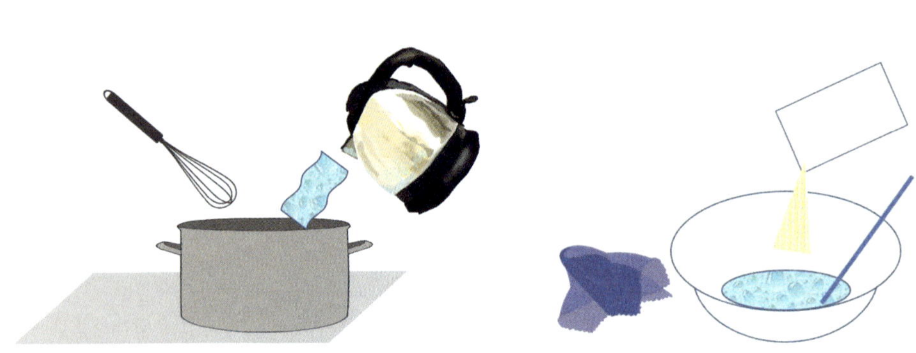

3. Mische den Kleister an. Ab Seite 114 stehen dafür zwei Möglichkeiten zur Wahl.

Zum Arbeiten fülle ihn dann in ein Gefäß, in das du gut hineingreifen kannst.

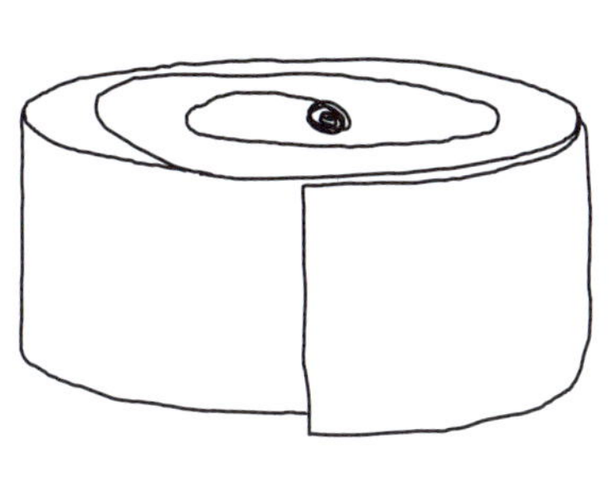

4. Tauche den ersten Papierstreifen in den Kleister. Streife ihn zwischen Daumen und Zeigefinger ab, damit er nicht mehr tropft.

Rolle den Streifen zu einer kleinen, festen Schnecke zusammen. In der Mitte soll kein oder jedenfalls kein großes Loch sein.

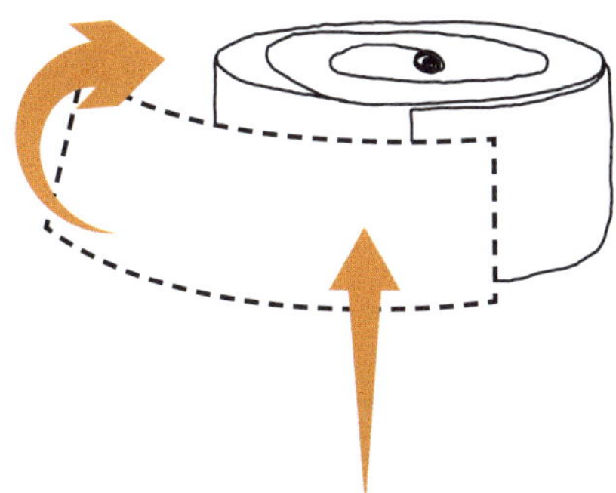

5. Leg die Schnecke auf die Arbeitsfläche. Bestreiche den nächsten Papierstreifen mit Kleister. Leg ihn überlappend aufs Ende des vorigen Streifens, drück ihn an und wickle ihn weiter fest um die Schnecke.

Mach das so lange mit Papierstreifen, bis die Schnecke die richtige Größe hat und gut als Deckel auf deine Dose passt.

6a. Wenn du einen flachen Deckel magst: Pinsle die fertige Schnecke mit Kleister ein. Nach dem Trocknen ist sie fest!

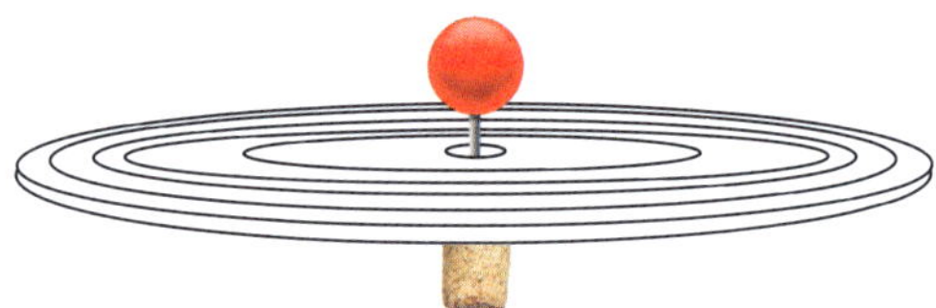

Tipp: Montiere einen Griff. Steck einen Pin durch die Mitte der Schnecke, unten fixiere ihn in einem Stück Kork. Oder fädle Draht durch einen Knopf, steck den Draht durch die Mitte der Schnecke und verspreize ihn unten.

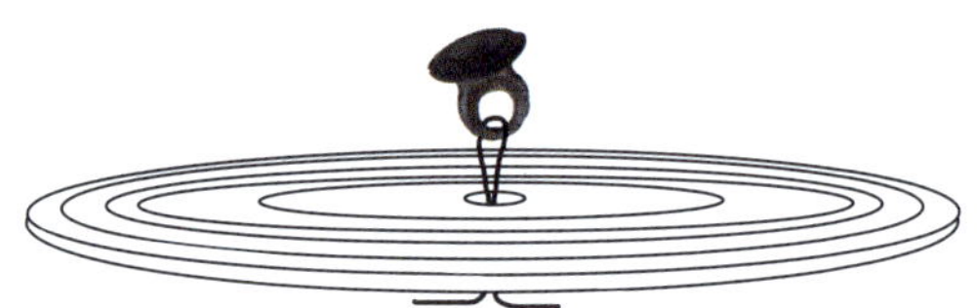

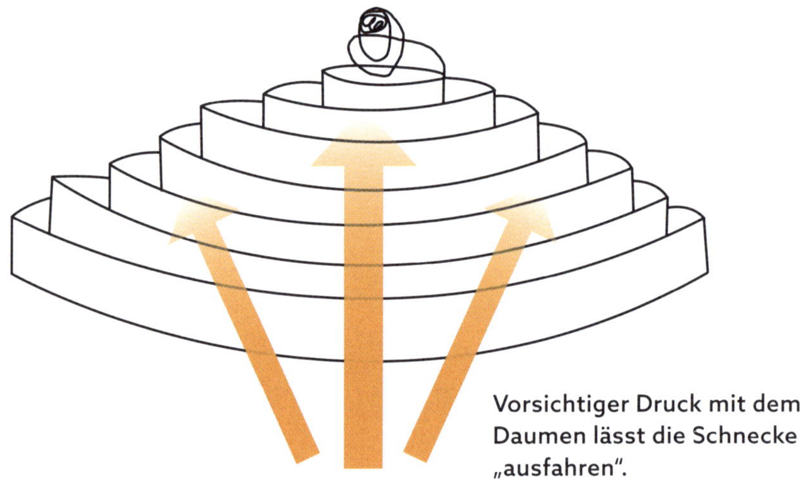

Vorsichtiger Druck mit dem Daumen lässt die Schnecke „ausfahren".

6b. Dreidimensional: Solange die Papier-Schnecke feucht ist, kannst du sie formen.

Drück mit dem Daumen die Mitte der Schnecke heraus. Probiere es zuerst sehr sachte, bis du ein Gefühl dafür bekommst. Nach und nach kannst du den Druck weiter außen ansetzen, um verschiedene Formen zu erzielen.

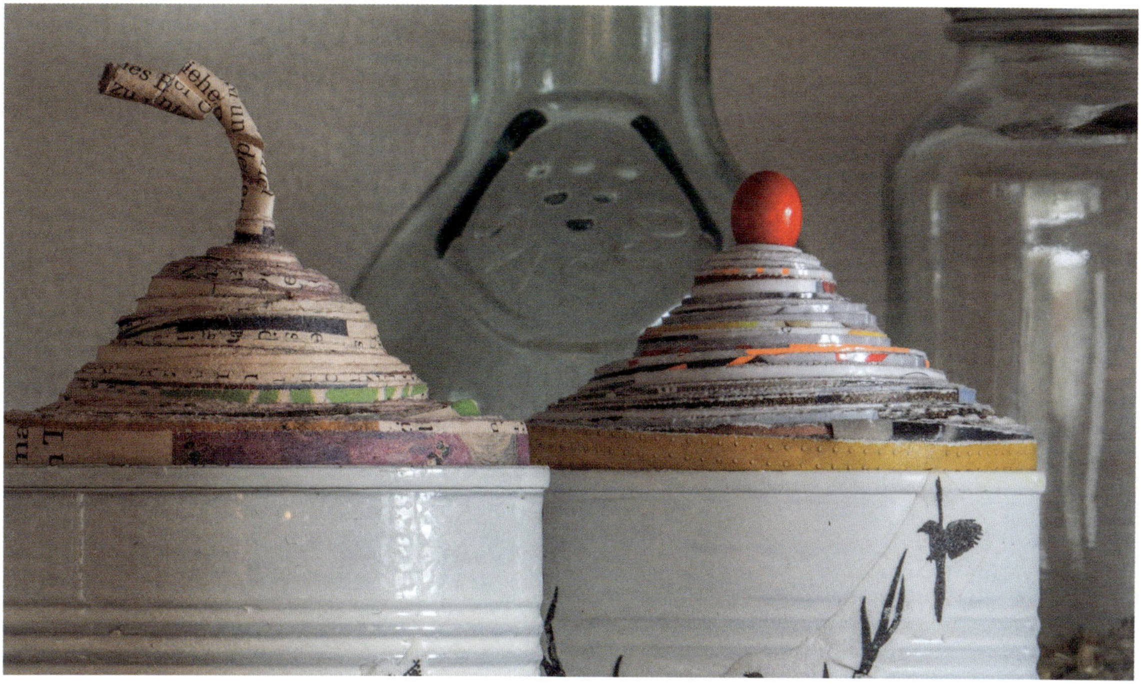

Die beiden Deckel sind aus je 0,5 Zentimeter breiten Altpapierstreifen zuerst zu flachen Schnecken und dann zu Hütchen geformt. Links aus Tageszeitungspapier, rechts aus einem Hochglanz-Magazin.

Da schau her!

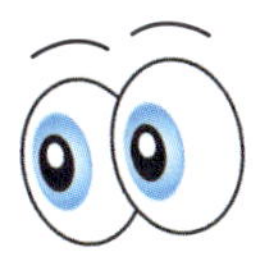

Zeitungen und Magazine gehören ins Altpapier, klar. Aber was ist mit anderen Papier- und Karton-Sorten? Etiketten auf Plastikflaschen greifen sich fast wie Plastik an, manche Kartonverpackungen glänzen wie lackiert. Da hilft die Zerreißprobe: Wenn du Papier oder Karton zerreißt und es taucht dabei keine Folie, keine Art von Plastik-Häutchen zwischen den Schichten des Materials auf – dann soll's ins Altpapier!

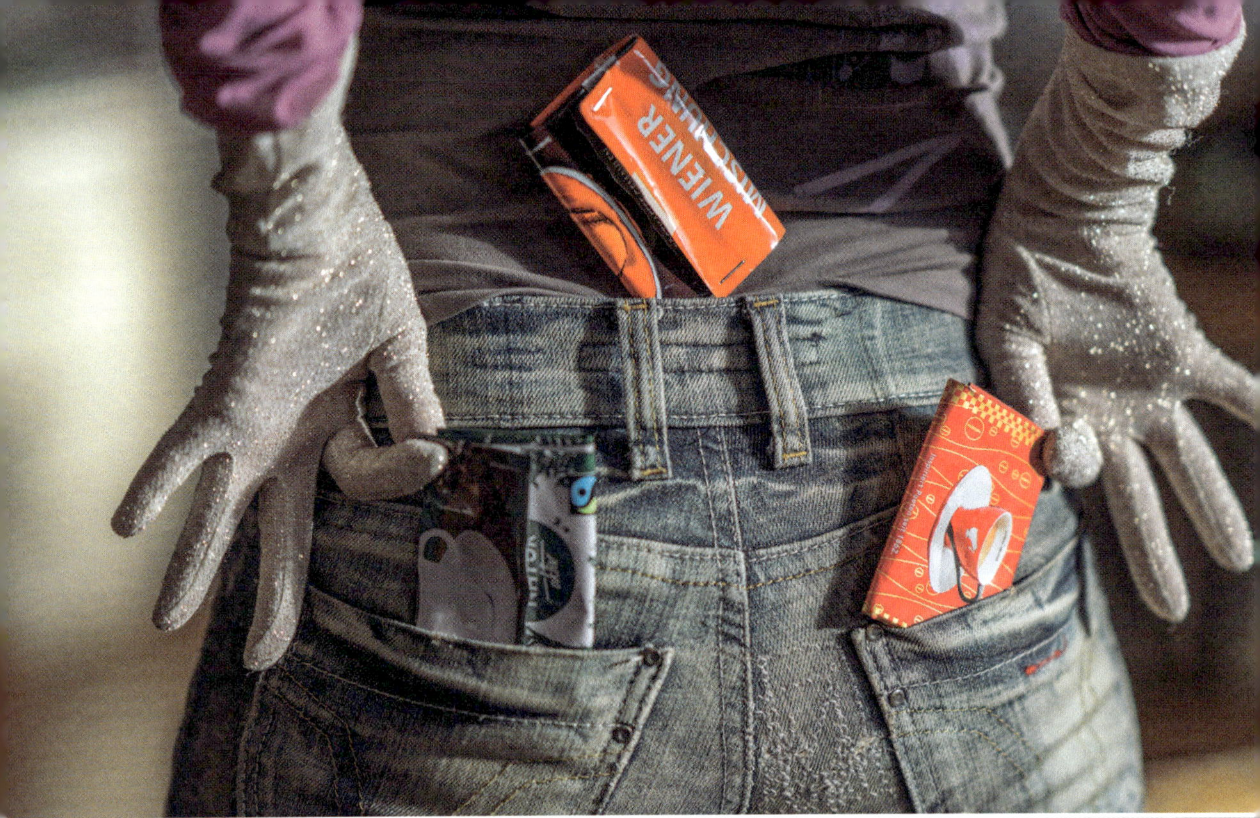

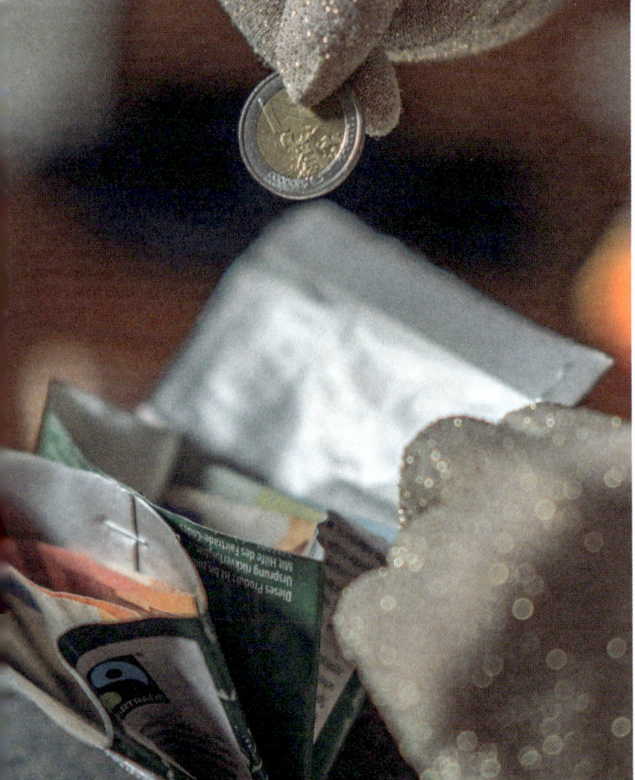

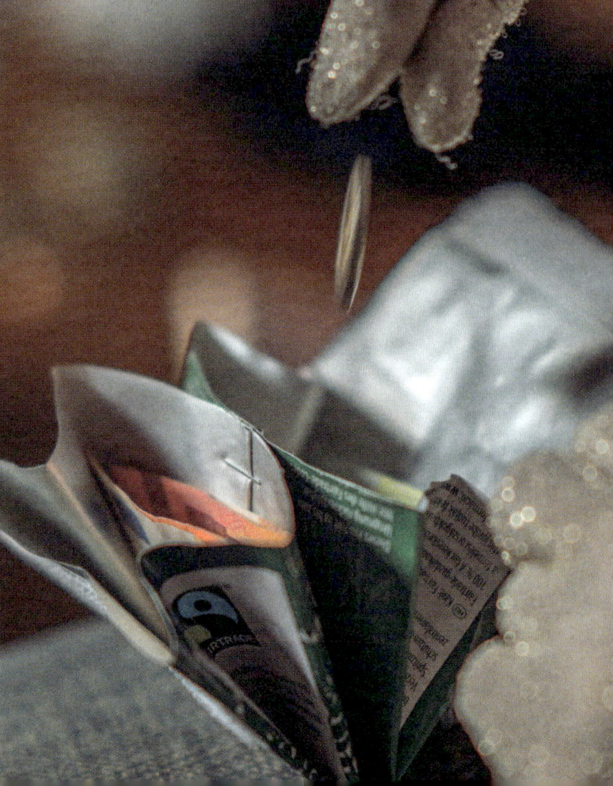

Portmonee
KAFFEE

Du brauchst:

- Verpackungsfolie von einer 500-Gramm-Packung Kaffee oder Ähnliches
- Klettverschluss, ca. 9 cm lang und selbstklebend
- Schere
- Heftklammermaschine

Vorbereitung, Tipps, Alternativen:

- Klettverschlüsse gibt es z. B. in Baumärkten, Stoffgeschäften oder Bastelshops.
- Die Arbeitsschritte mit Heftklammermaschine lassen sich durch Nähen mit Nadel und Faden ersetzen.
- Die Portmonees sind durch ihre Innenfolie wasserfest. Sie schützen deine Schätze sogar, wenn's regnet oder du beim Laufen tüchtig schwitzt.
- Mach dich auf den Wow-Effekt gefasst: Die kleinen Dinger verursachen Aufsehen. Sie eignen sich daher hervorragend als Geschenk!

Und so geht's:

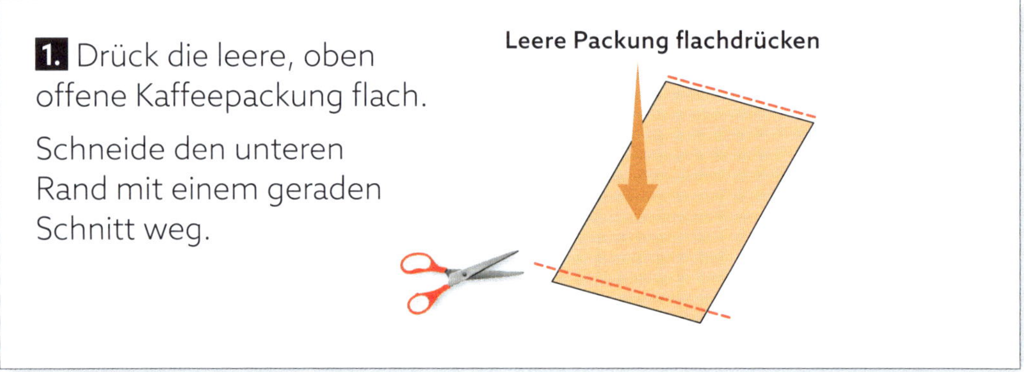

1. Drück die leere, oben offene Kaffeepackung flach.

Schneide den unteren Rand mit einem geraden Schnitt weg.

2. Schiebe bzw. falte die schmalen Seitenflächen zwischen Vorder- und Rückseite der Packung hinein. Drück alles in diesem Zustand gut flach.

Schmale Seitenflächen nach innen falten

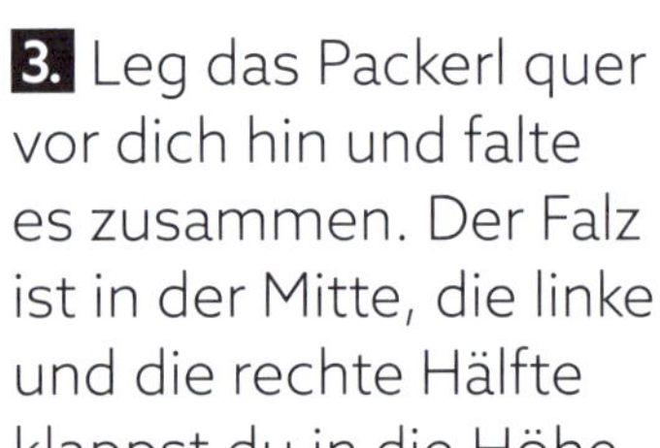

3. Leg das Packerl quer vor dich hin und falte es zusammen. Der Falz ist in der Mitte, die linke und die rechte Hälfte klappst du in die Höhe.

Die Grundform des Portmonees ist schon da!

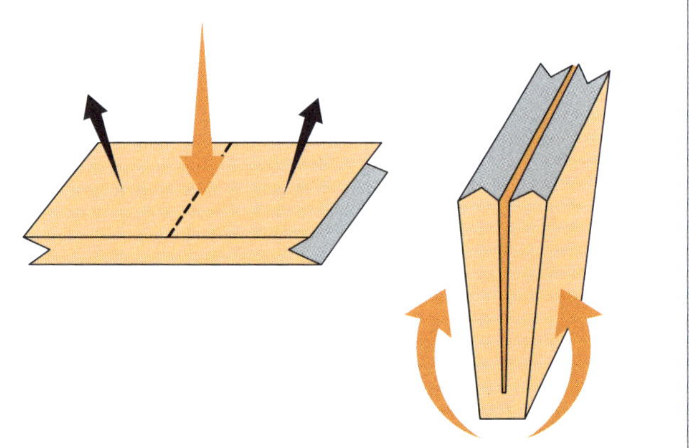

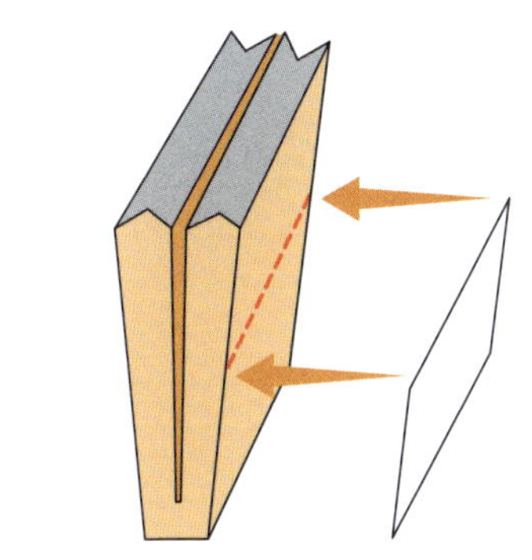

4. Markiere, wie hoch die Fächer des Portmonees werden sollen.

Dafür kannst du z. B. einen Büchereiausweis oder etwas anderes, das hineinpassen soll, danebenhalten.

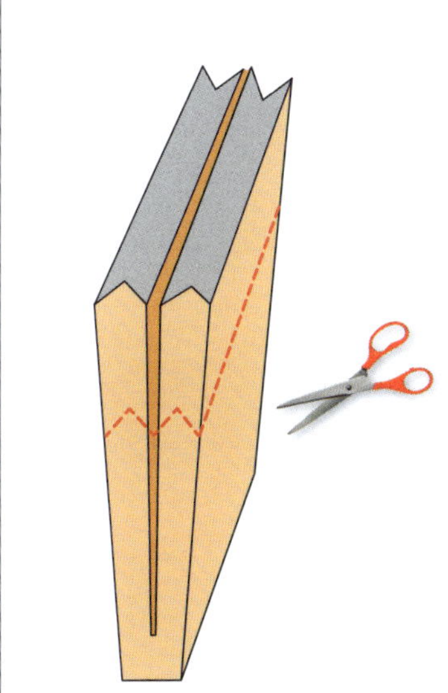

5. Da dein Portmonee einen Verschluss braucht, bleibt eine Rückwand stehen!

Das restliche Material schneidest du an der Markierung für die Fächer-Höhe ab.

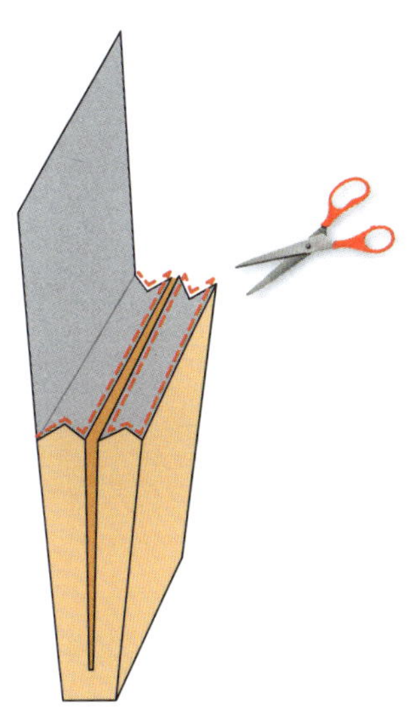

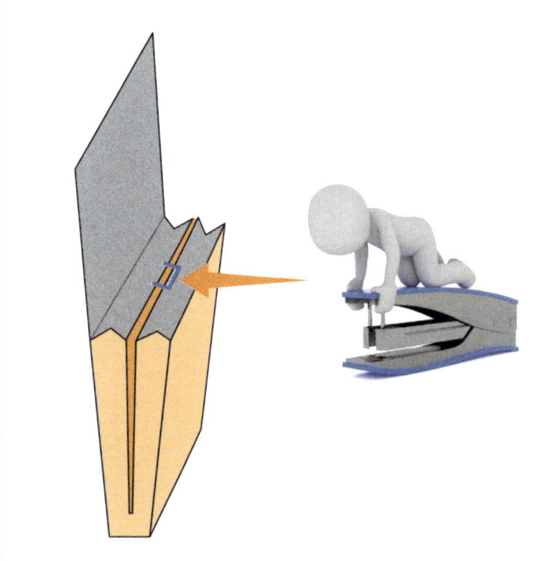

6. Zwick die aneinandergrenzenden Innenwände der beiden Fächer mit einer Heftklammer-Maschine zusammen.

Als Alternative kannst du sie auch mit Nadel und Faden aneinander fixieren.

7. Schneide zwei zusammenpassende Streifen Klettverschluss zurecht.

Den ersten klebst du innen weit oben in die Verschlusslasche.

Um herauszufinden, wo sein Gegenstück am vorderen Fach sitzen soll, mach Folgendes:

Befülle das Portmonee. Klapp die Verschlusslasche herunter. Markiere die Höhe, wo der obere Klettstreifen auf das Außenfach trifft. Dort klebst du den zweiten Klettstreifen hin.

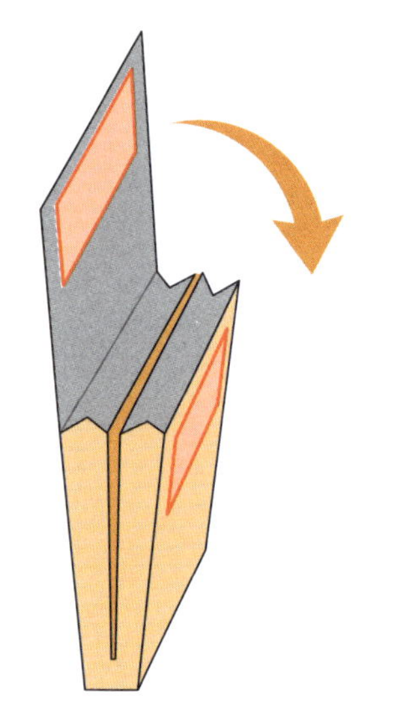

8. **Tipp:** Fixiere die Klettverschluss-Streifen zusätzlich mit einer Heftklammermaschine.

Alternativ geht das auch mit Nadel und Faden. Beides sieht man von außen, aber dafür ist das Portmonee viel länger gut benützbar.

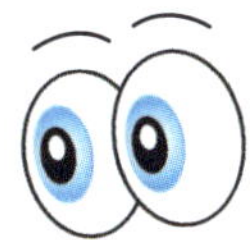

Da schau her!

Für den Fall, dass dir trotz Portmonee-Produktion eine Folie zum Wegwerfen übrigbleibt: Sie fühlt sich am wohlsten in der getrennten Müllsammlung. Als Faustregel gilt: Wenn die Folie zumindest auf einer Seite ähnlich ist wie Alufolie, dann wird sie gemeinsam mit Konservendosen gesammelt. In Wien z. B. ist dafür die Gelbe Tonne da.

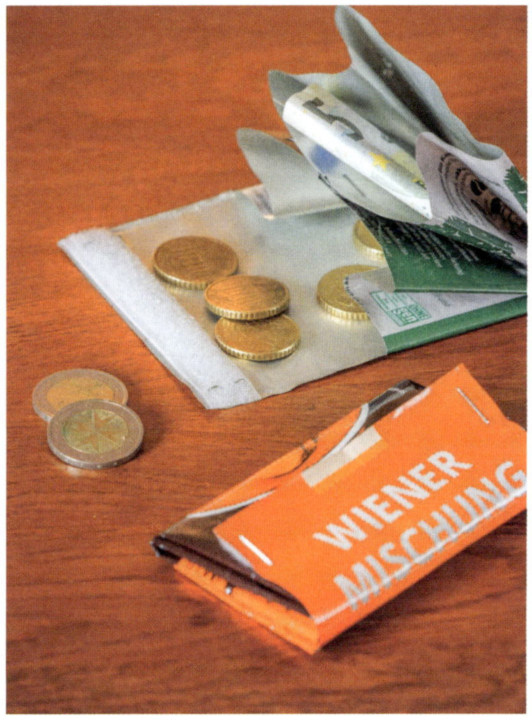

Da geht noch was! Mit derselben Methode wie fürs Portmonee kannst du Verpackungsfolien jeder Größe upcyceln! Unendliche Weiten an kreativen Kombis tun sich auf: Eine flache Handtasche aus Waschpulver-Verpackung, eine breite Brieftasche aus einem Chips-Sackerl … Die unerwartete Verbindung aus Abfall und Design macht solche Werke zu Eyecatchern.

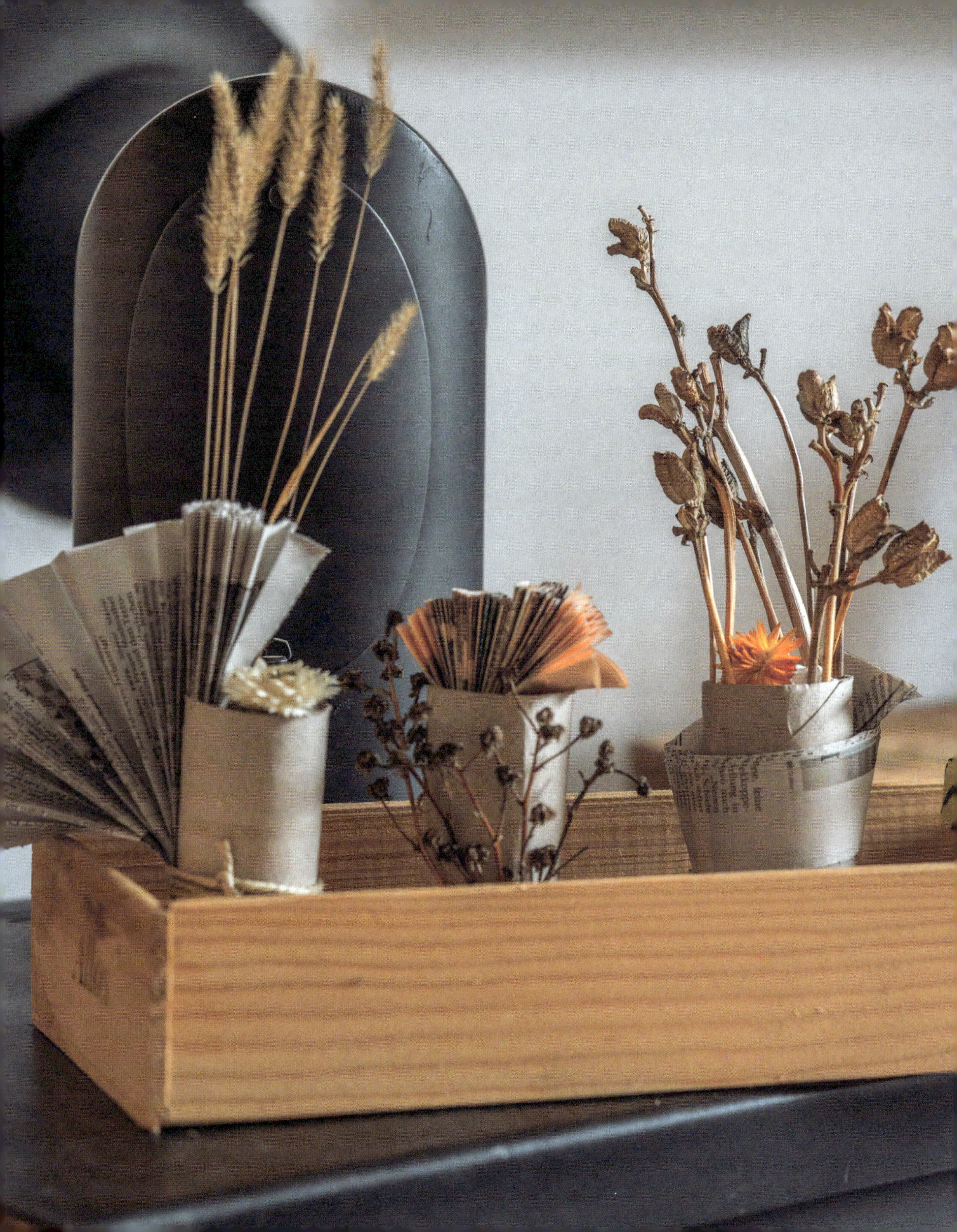

Anzündhilfe
BRÄNNDI

Du brauchst:

- leere Klopapierrolle
- brennbaren Abfall wie Servietten, trockene Pflanzenteile, fettiges Küchenrollenpapier …
- Reste von Wachs oder gebrauchtem Speiseöl

Vorbereitung, Tipps, Alternativen:

- Bränndi ist die DIY-Alternative zu chemischen Zündwürfeln in Schwedenöfen, Kaminen und Lagerfeuern.
- Bränndi eignet sich perfekt als Sammelsystem! Nimm einen (Eier-)Karton, stell die leeren Klopapierrollen hinein und befülle sie mit brennbarem Klein-Müll, wenn er anfällt.
- Wenn du Bränndi rausputzt, wird das ein tolles DIY-Geschenk.

Und so geht's:

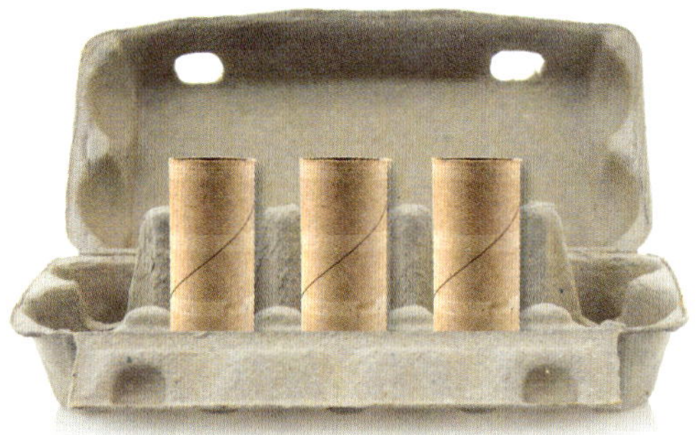

1. Leere Klopapierrollen stehen gut in Eier- oder anderen Kartons.

2. Knüll zuerst einen Papierabfall zusammen und stopf ihn in die Rolle, damit unten am Boden ein fester Pfropfen sitzt. Es eignen sich z. B.:

+ gebrauchte Papierservietten;
+ Küchenrollenpapier, mit dem eine fettige Pfanne ausgewischt wurde;
+ Papiersackerl ohne Folie;
+ Zeitungsseiten;
+ Briefumschläge ohne Folienfenster.

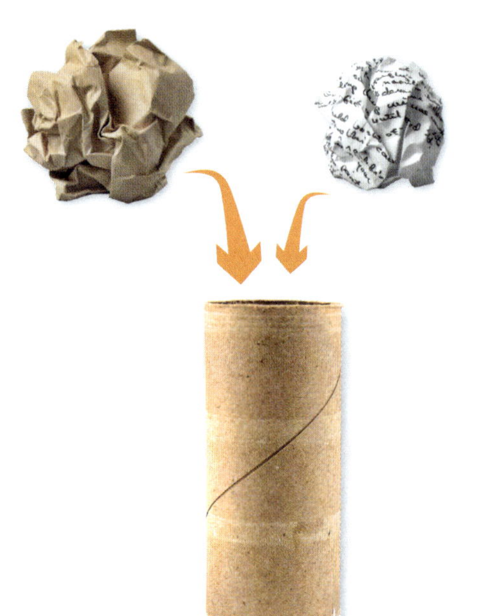

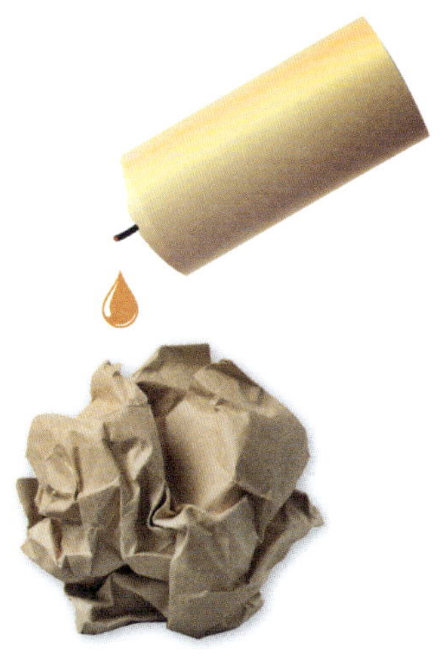

3. Auf den Pfropfen kommt etwas Wachs. Abgebrochene Kerzenränder z. B. oder der letzte Rest von einem Stumpen.

Alternative:
Leere ein paar Tropfen Wachs aus einer gerade ausgeblasenen Kerze auf geknülltes Altpapier und ab in die Rolle.

Dann befülle sie bis oben hin weiter mit brennbarem Kleinzeug. Wachs und fettiges Papier dürfen gerne immer dazu, das erhöht die Feuerkraft der Anzündhilfe.

4. Wenn die Rolle voll ist, steck oben noch ein paar Wachsbröckchen rein.

Fertig ist die Anzündhilfe für Öfen und Kamine. Oder, wenn du laufend sammelst, auch ein ganzer Karton davon! So gibst du Abfall einen Sinn.

! Anzünden und Hantieren mit offenem Feuer überlasse bitte immer einem Erwachsenen. Sicher ist sicher.

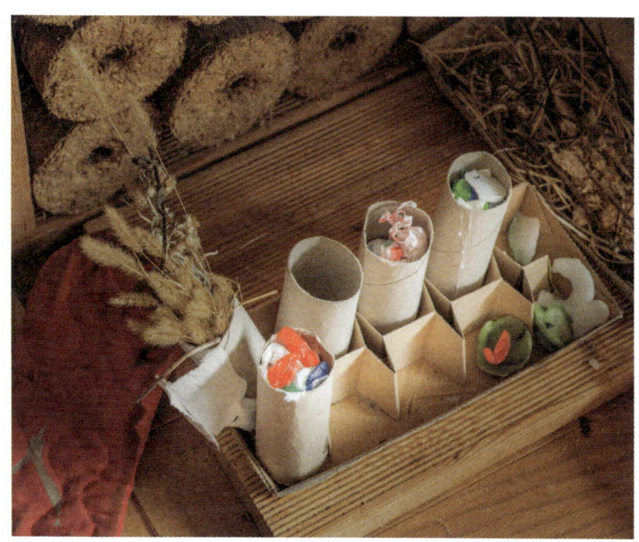

Als Sammelsystem darf Bränndi aussehen wie Kraut und Rüben. Endlich mal Unordnung als zündende Idee!

Bränndi als Geschenk designen

- Lass trockene Blumen, Kräuter oder Pflanzenteile oben aus der Rolle ragen.
- Stanze Löcher mit der Lochzange in die Rolle, steck Pflanzen und Blätter durch.
- Falte aus einer Zeitungsseite im Zickzack einen schmalen Streifen – wie eine Ziehharmonika. Steck ihn in oder an die Rolle und fächere seine Enden auf.
- Aus Naturmaterialien wie Baumwolle, Wolle, Seide oder Hanf kannst du Bänder und Streifen verwenden.
- Trockene Pflanzen sehen selbst wie Kunstwerke aus – nütze, was du findest!
- Kombiniere, was dir gefällt. Es wird fast zu schön zum Anzünden.

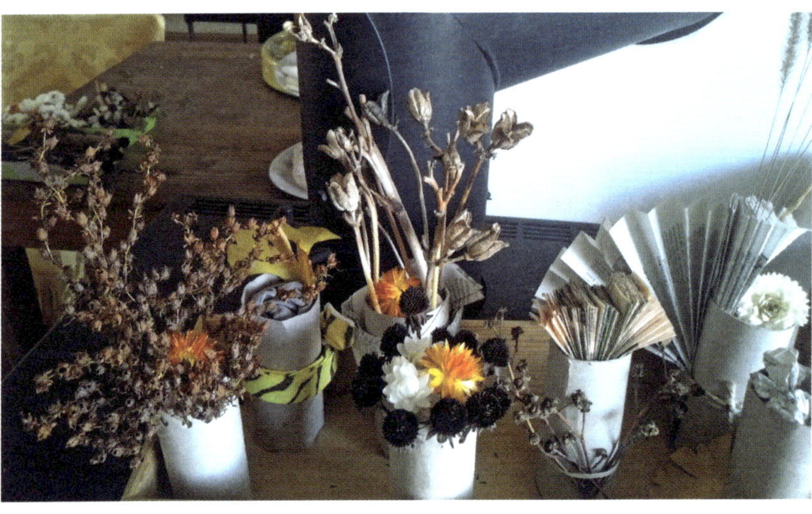

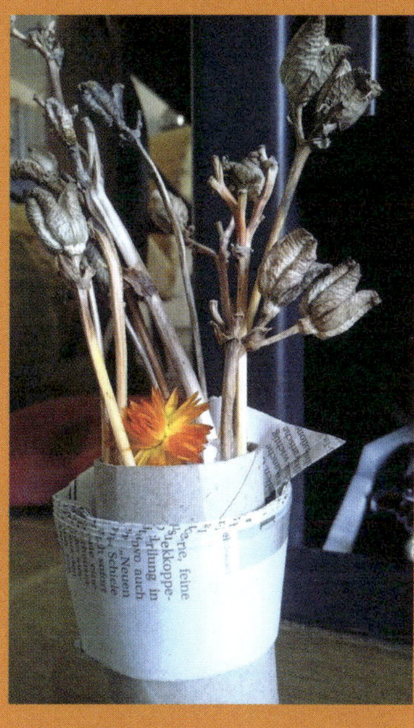

Ein Kragen aus gefaltetem Zeitungspapier, darüber trockene Tageslilien. Darunter sitzt der Zündstoff.

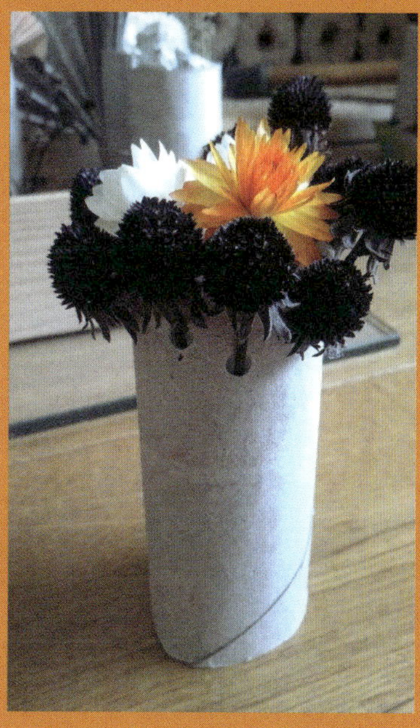

Aus Lochzangen-Löchern lugen luftgetrocknete (Pf)Lanzen.

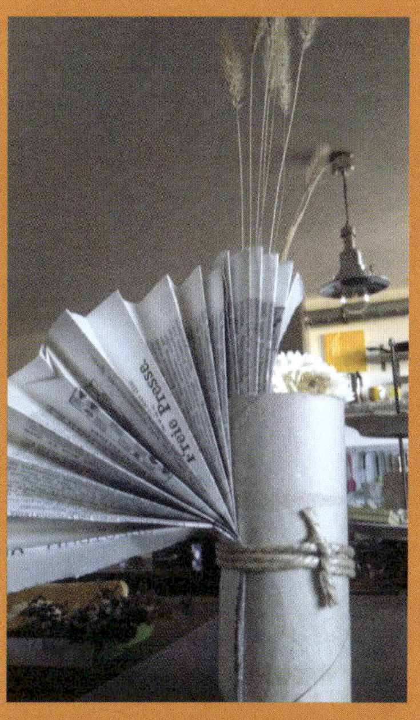

Zeitungsfächer mit Trockengras und Hanfschnur – ganz legal zu verheizen.

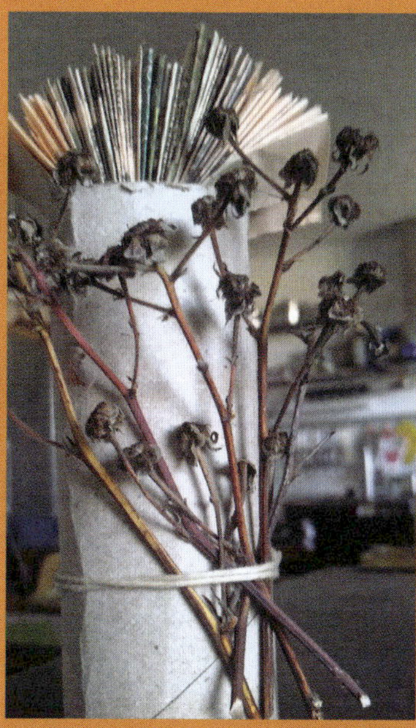

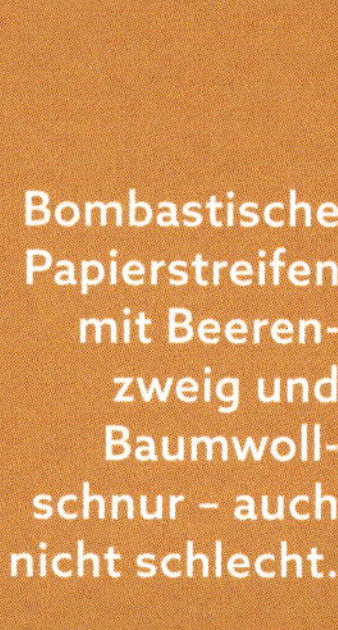

Bombastische Papierstreifen mit Beerenzweig und Baumwollschnur – auch nicht schlecht.

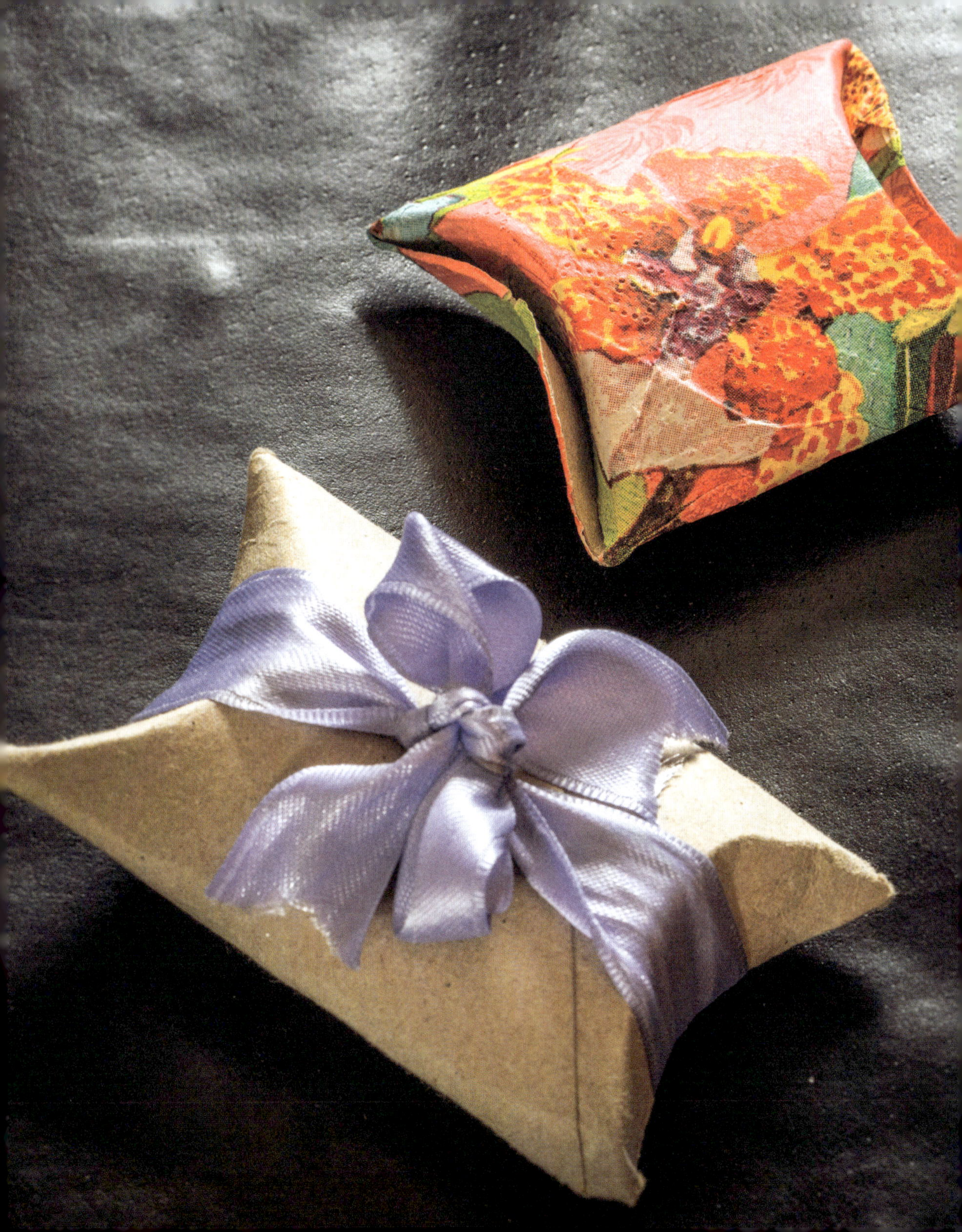

Geschenkpackerl
HÜLLARI

Du brauchst:

- leere Klopapierrolle
- Schere
- etwas Fingerspitzengefühl

Vorbereitung, Tipps, Alternativen:

- Befreie die leere Klopapierrolle von allen Papier- und Kleberesten.
- Wenn du gerne gestaltest: Serviettentechnik (Seite 120) bietet sich an. Bemalt oder naturbelassen sieht es aber auch gut aus.
- Wenn du etwas in einem selbstgemachten Hüllari verpackst: Lass die Beschenkten raten, woraus das Päckchen gemacht ist. Wetten, dass die wenigsten auf eine Klopapierrolle tippen?

Und so geht's:

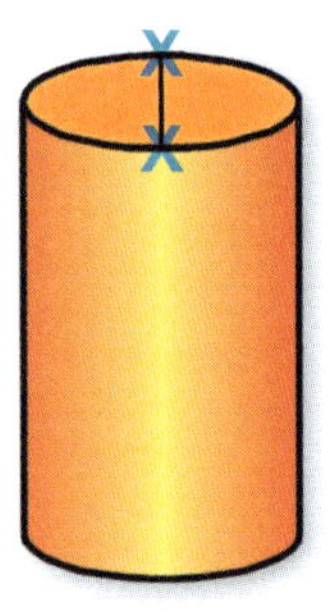

1. Stell dir eine Linie vor, die die Rollen-Öffnung in zwei Hälften teilt. Wie der Durchmesser eines Kreises.

Wo die Linie auf den Rand trifft, sind hier zwei blaue Kreuze gezeichnet.

2. Nimm die Rolle in eine Hand.

Übe mit dem Daumen der anderen Hand sanften Druck auf den gestrichelt eingezeichneten Halbkreis aus. Beginne oben in der Mitte.
Ziel ist es, diesen kleinen Halbkreis in die Rolle hineinzuknicken.

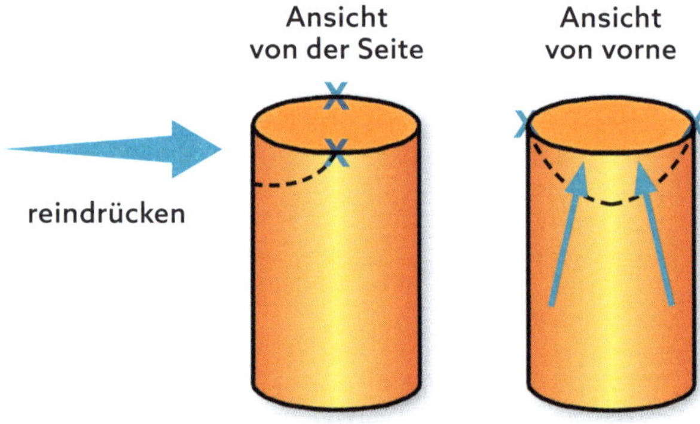

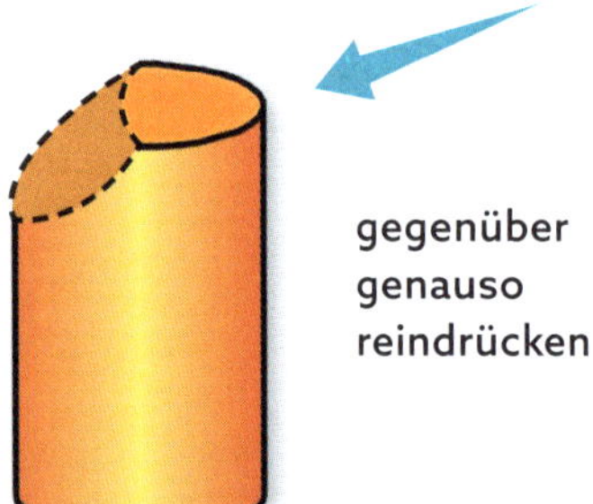

3. Wenn eine Seite halbkreisförmig eingedrückt ist: Mach es auf der gegenüberliegenden Seite genauso.

Die beiden eingedrückten Halbkreise sollen einander dann ein bisschen überlappen. Das Päckchen muss schließen können.

4. Jetzt dreh die Rolle um und verfahre auf der Unterseite der Öffnung genauso.

Fertig ist Geschenkpackerl Hüllari!

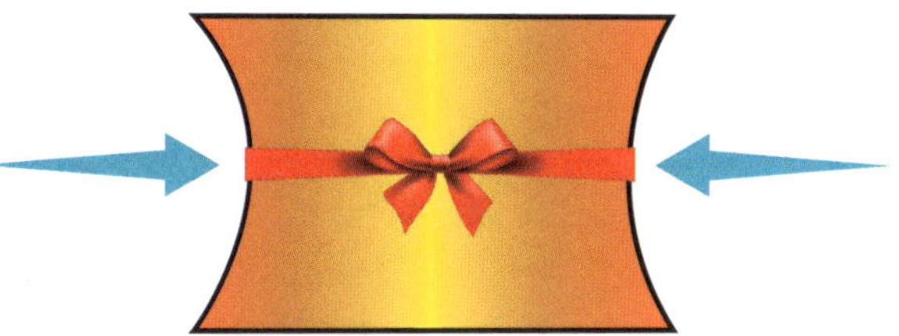

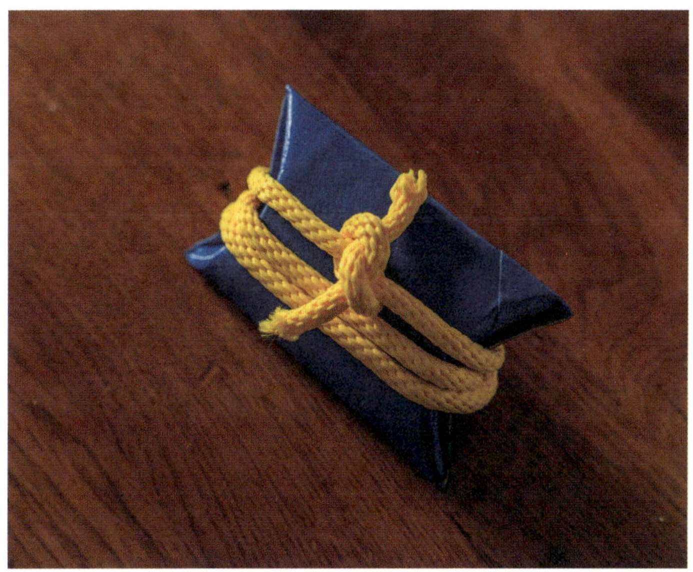

Vom stillen Örtchen zum strahlenden Design. Das blitzblau lackierte Geschenkpäckchen Hüllari war in seinem früheren Leben eine leere Klopapierrolle. Die dottergelbe Schnur hat schon als Wäscheleine gedient. Kreativität ist, was du daraus machst! Falls du irgendwann genügend kleine Verpackungen hast: Die Rollen von Klo-und Küchenpapier sind aus Pappe. Du kannst sie daher einfach zum Altpapier geben.

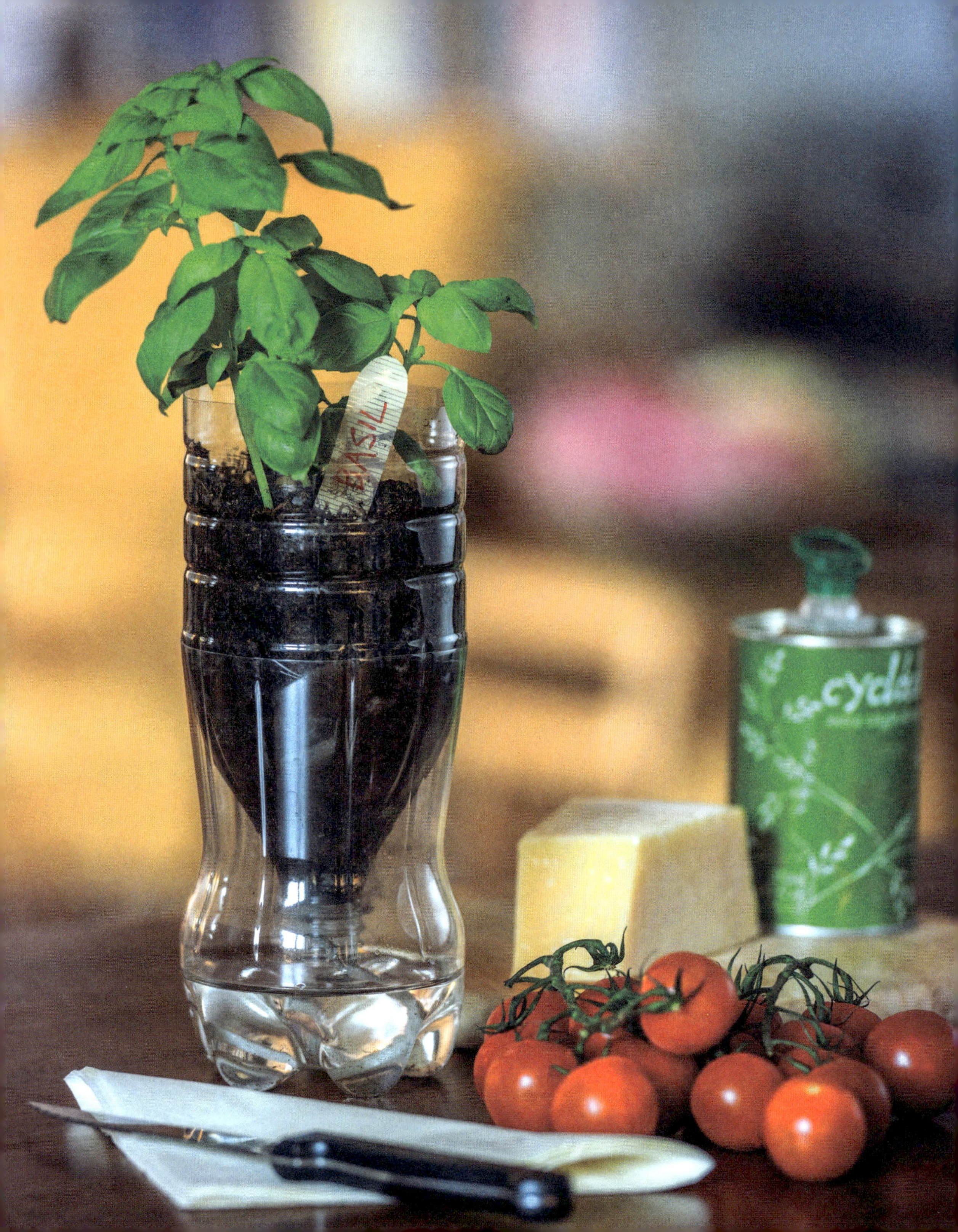
BASIL

Wasserspender
PFLANZSTATION

Du brauchst:

- Plastikflasche
- Kaffeefilter
- ca 30 cm saugfähige Schnur
- Stanleymesser, Schere
- Blumenerde
- ein paar Blähtonkugeln oder kleine Steinchen

Vorbereitung, Tipps, Alternativen:

- Die Plastikflasche sollte 1,5 oder 2 Liter fassen.
- Als saugfähige Schnur kannst du auch Streifen verwenden, die du aus Baumwollstoffen herausschneidest. Dafür eignen sich zum Beispiel kaputte T-Shirts oder alte Hand- oder Geschirrtücher. Auch alte Schuhbänder können funktionieren.

Und so geht's:

1. Schneide die Flasche ca. in der Mitte oder etwas darunter auseinander. Betraue einen Erwachsenen damit, falls du im Umgang mit Schere und Stanleymesser nicht geübt bist.

Für den ersten Einschnitt hat sich ein Stanleymesser bewährt, danach lässt sich mit der Schere eine glatte Runde schneiden.

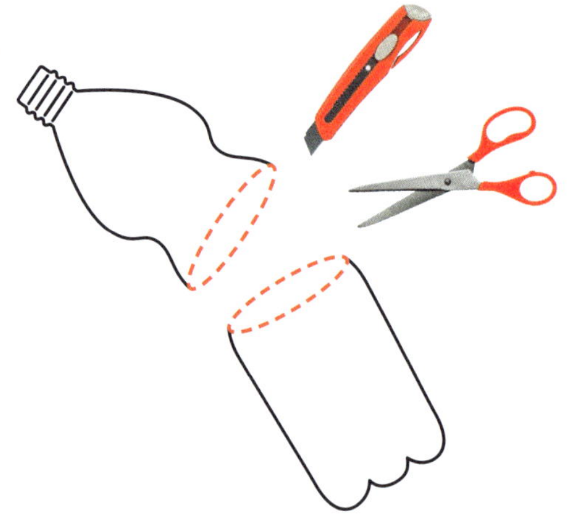

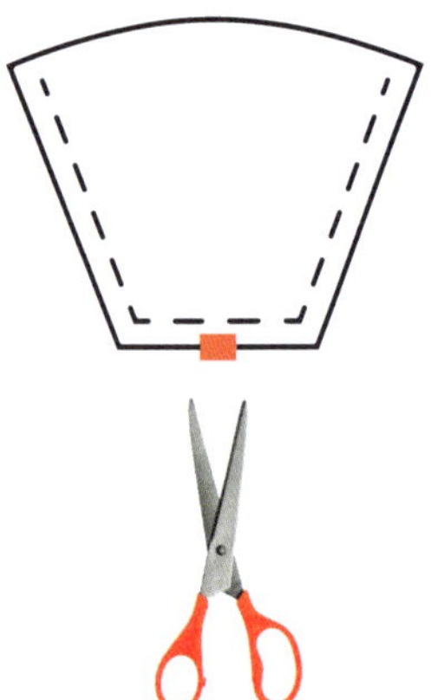

2. Mach unten in der Mitte des Kaffeefilters einen ganz kleinen Einschnitt. Durch diesen Zwick soll nur die saugfähige Schnur durchpassen, mehr nicht.

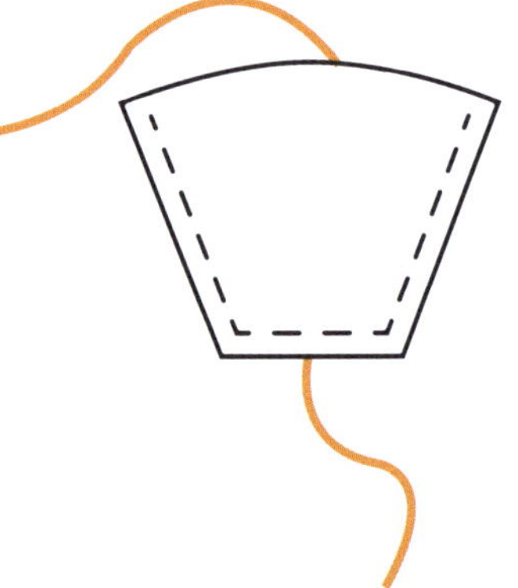

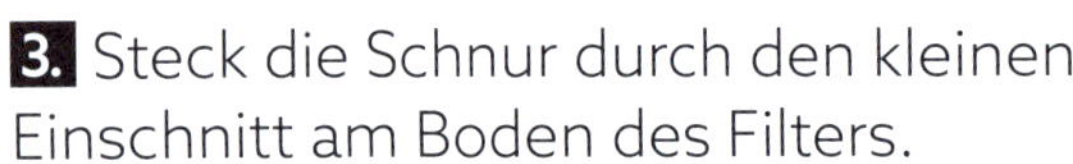

3. Steck die Schnur durch den kleinen Einschnitt am Boden des Filters.

Unten sollen etwa 10 cm heraushängen, oben liegt der längere Teil der Schnur im Filter.

4. Halte den oberen Flaschenteil mit dem Hals nach unten. Steck den Kaffeefilter samt Schnur so hinein, dass du den unteren Teil der Schnur auch aus dem Flaschenhals herausziehen kannst.

Drück das Filterpapier innen an die Flaschenwände. Falls der Filter zu groß ist: egal! Hat er eben Falten.

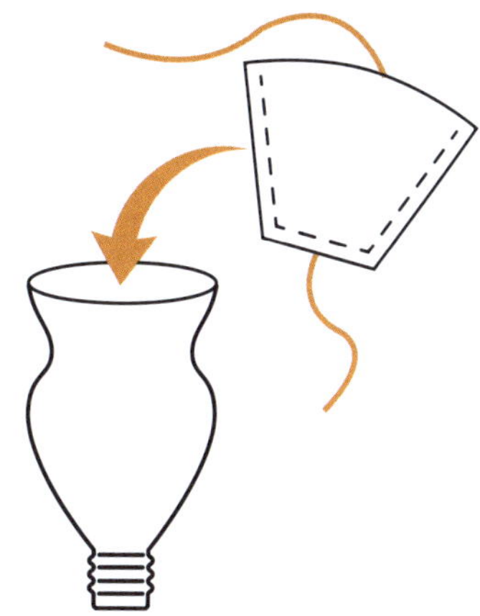

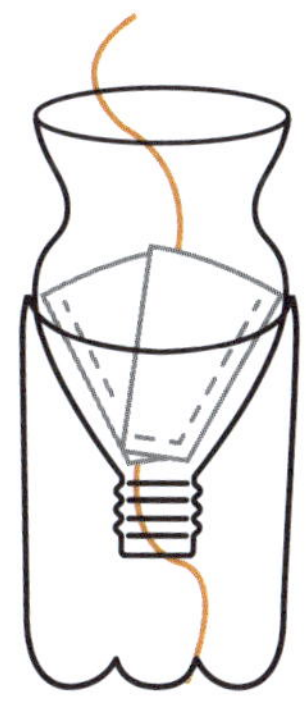

5. Setz den verkehrten oberen Flaschenteil samt Kaffeefilter und Schnur in den unteren Flaschenteil.

6. Befülle den Flaschenhals mit Filter wie einen Blumentopf. Gib auf den Boden des Filters ein paar Blähtonkugeln oder Steinchen. Nach den Kügelchen schaufelst du Blumenerde ein. Die Schnur, die oben im Filter ist, begräbst du nach und nach mit Erde. Hängt am Schluss oben noch Schnur raus, drück sie in die Erde.

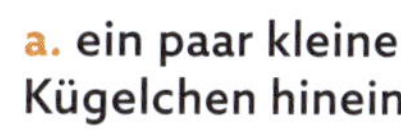

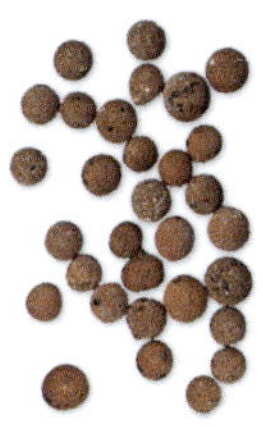

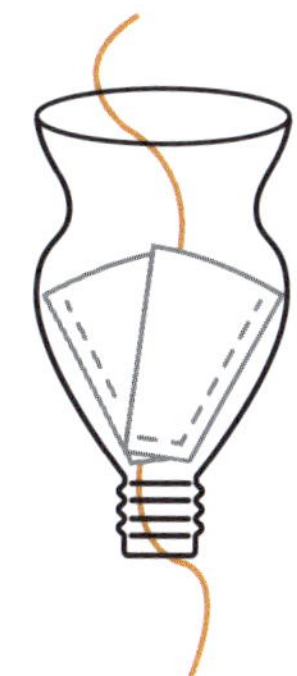

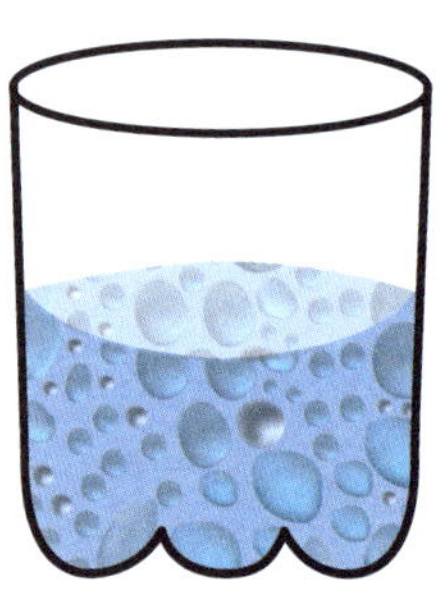

7. Gieß in den unteren, dichten Flaschenteil etwas Wasser.

8. Bepflanze den oberen Flaschenteil und stelle ihn in den unteren. Die Schnur soll bis ins Wasser hängen, ein Teil des Flaschenhalses darf das ruhig auch.

Fertig ist ein tolles Upcycling-Projekt! Falls du einige Tage nicht daheim bist, sind Pflanzen und Kräuter trotzdem versorgt. Sie saugen Wasser mit Hilfe der Schnur zu ihren Wurzeln hinauf.

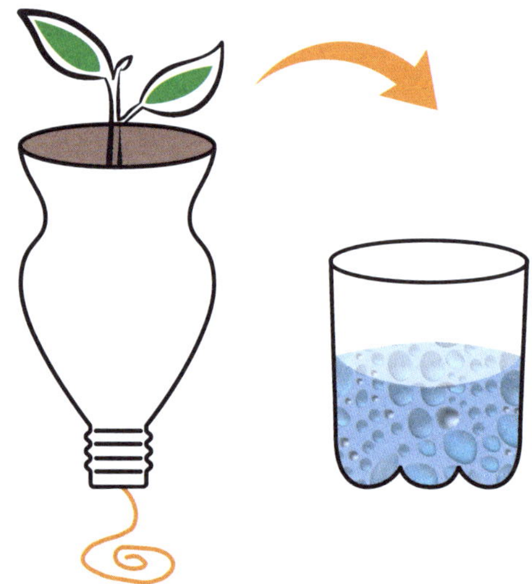

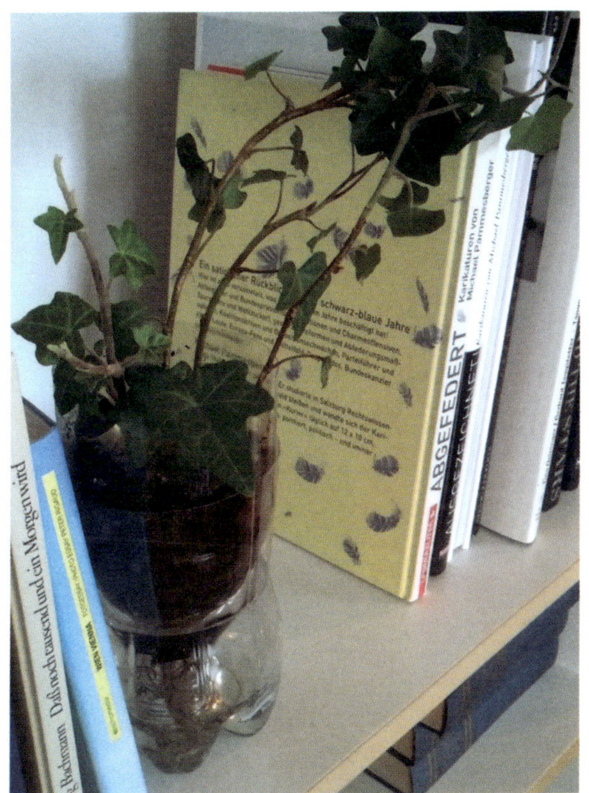

Mit genügend Wasser kann die Pflanzstation sogar eine Bücherstütze sein! Falls dir Efeu gefällt, findest du ihn leicht auf einem Spaziergang im Grünen. Schneide einige Ranken ab, steck sie für ein paar Tage in ein Wasserglas und danach in Erde. Efeu packt das.

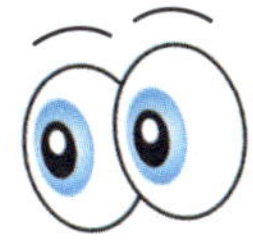

Da schau her!

1,6 Milliarden Plastikflaschen kommen in Österreich jährlich auf den Markt. Du kannst also beruhigt Produkte bevorzugen, die umweltfreundlich oder gar nicht verpackt sind. Zum Beispiel feste Seife statt flüssiger, Honig im Glas statt im Portionierer oder Wasser aus der Leitung. Fürs Upcycling bleiben dir trotzdem genügend Plastikflaschen über.

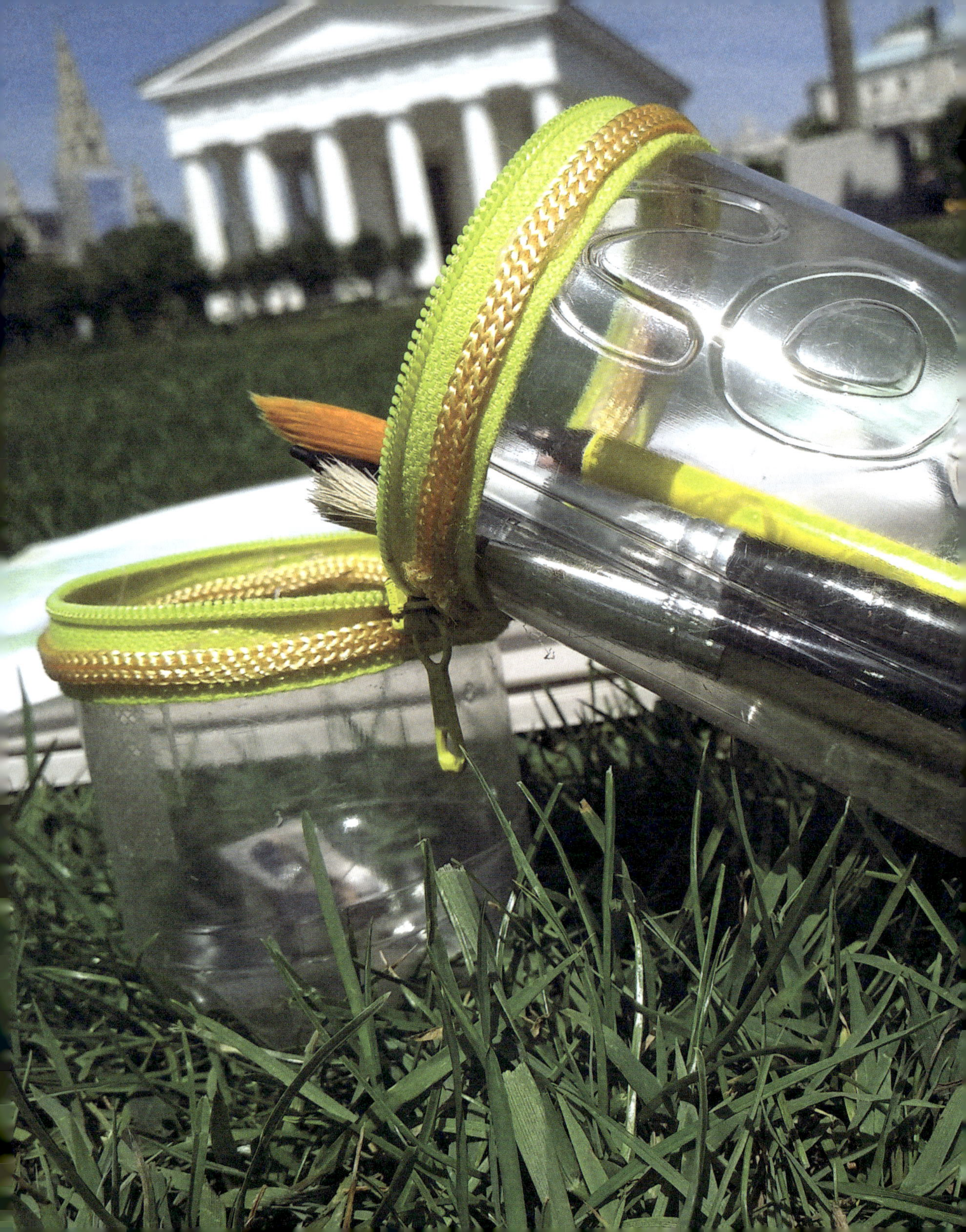

Aufbewahrung
ZIPPER-PET

Du brauchst:

- Plastikflasche
- Reißverschluss, der einmal um die Flasche herumpasst
- Schere oder Stanleymesser
- Heißklebepistole

Vorbereitung, Tipps, Alternativen:

- Statt zu kleben, kannst du den Reißverschluss auch an die Flasche nähen. Dafür benötigst du eine starke spitze Nadel und einen festen Faden.
- Schneide aus ganz kaputten Kleidungsstücken oder Taschen immer die Reißverschlüsse heraus. So bekommst du eine Sammlung mit verschieden langen und bunten Zipps für deine Upcycling-Projekte.

Und so geht's:

1. Nimm die Flasche und schneide sie dort auf, wo später der Reißverschluss sitzen soll.

Oder auch so: Schneide von zwei gleich großen Flaschen die Unterteile ab.

2. Wähle einen Reißverschluss. Er soll genau um die Flasche herumpassen.

Tipp: Zu lange Reißverschlüsse kannst du mit einer Schere oder Zange kürzen.

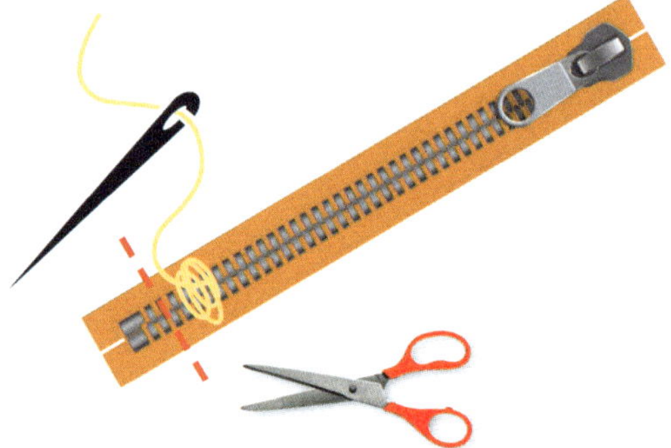

So geht's: Mach den Zipp zu, nimm Nadel und Faden. Wo das neue Ende des Zipps sein soll, mach ein paar Stiche um die Zähnchen herum und verknote die Fadenenden.

Jetzt hast du einen Riegel, der das neue Ende des Zipps sichert. Dahinter kannst du ihn abschneiden oder -zwicken.

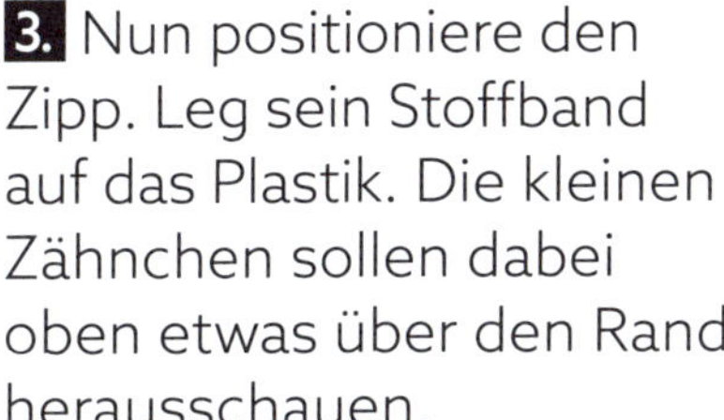

3. Nun positioniere den Zipp. Leg sein Stoffband auf das Plastik. Die kleinen Zähnchen sollen dabei oben etwas über den Rand herausschauen.

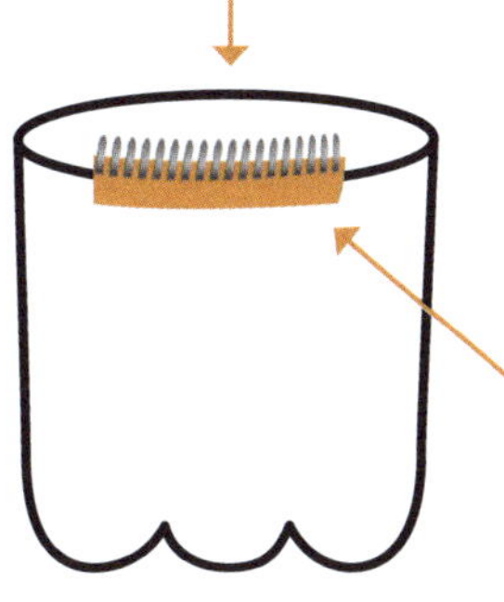

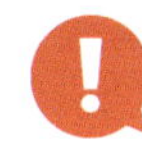

Die Heißklebepistole erhitzt die Klebstoff-Patronen – und zwar ordentlich! Daher bitte nie mit den Fingern direkt in den heißen Kleber greifen.

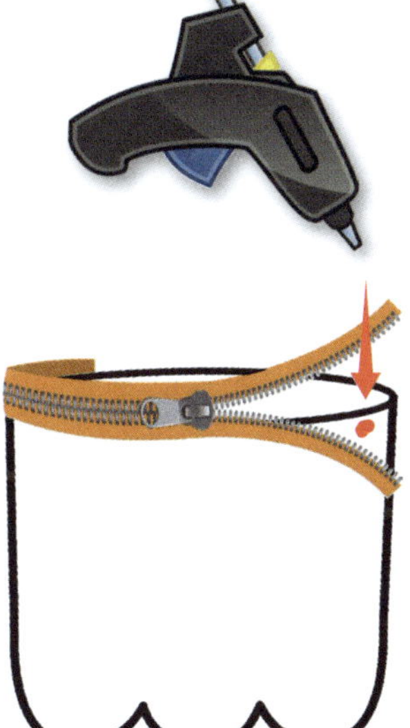

4. Jetzt arbeitest du Schritt für Schritt:

Öffne den Reißverschluss. Tupfe den ersten kleinen Tropfen Heißkleber auf den Plastikrand. Presse nun das Stoffband des Zipps drauf. Warte ganz kurz, bis das Band an dieser Stelle haftet. Tupfe dann den nächsten Tropfen Kleber auf, drücke das Band wieder an und so weiter – bis die Runde fertig ist.

5. Nun machst du mit dem zweiten Zipp-Band am anderen Flaschenteil dasselbe wie in Schritt 4. Das ist kniffelig, da der Zipp hinten zusammenhängt und das erste Band ja schon auf einem Flaschenteil klebt. Sei hartnäckig! Du schaffst das.

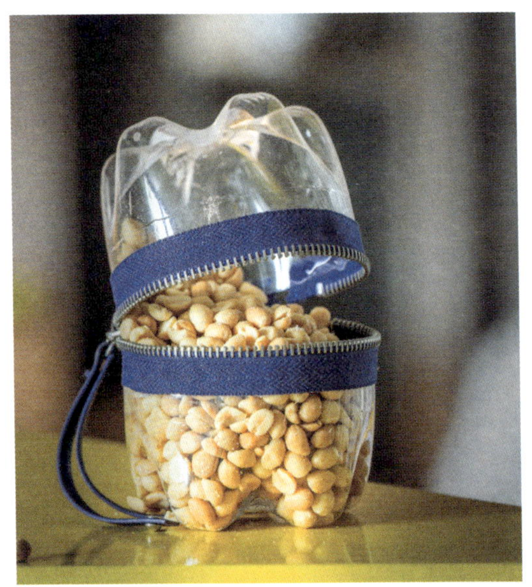

Tipp: Es gibt teilbare Reißverschlüsse. Die kannst du ganz öffnen und jede Hälfte bequem für sich aufkleben. Aber: Einen teilbaren Zipp kann man nicht kürzen. Du musst einen in passender Länge finden.

Für Stifte, Erdnüsse, Zahnbürste: Das Zipper_pet ist eine geniale Aufbewahrung. Wenn du Wasserfarben magst, hast du mit einem Zipper_pet automatisch einen Becher fürs Malwasser dabei. Auch feuchte Pinsel und Malfetzen lassen sich damit transportieren, ohne dass sie deine Tasche nass machen. Und auf Reisen eignet sich die Flasche mit Reißverschluss herrlich für Zahnbürste und Waschlappen – nix tropft mehr in den Koffer.

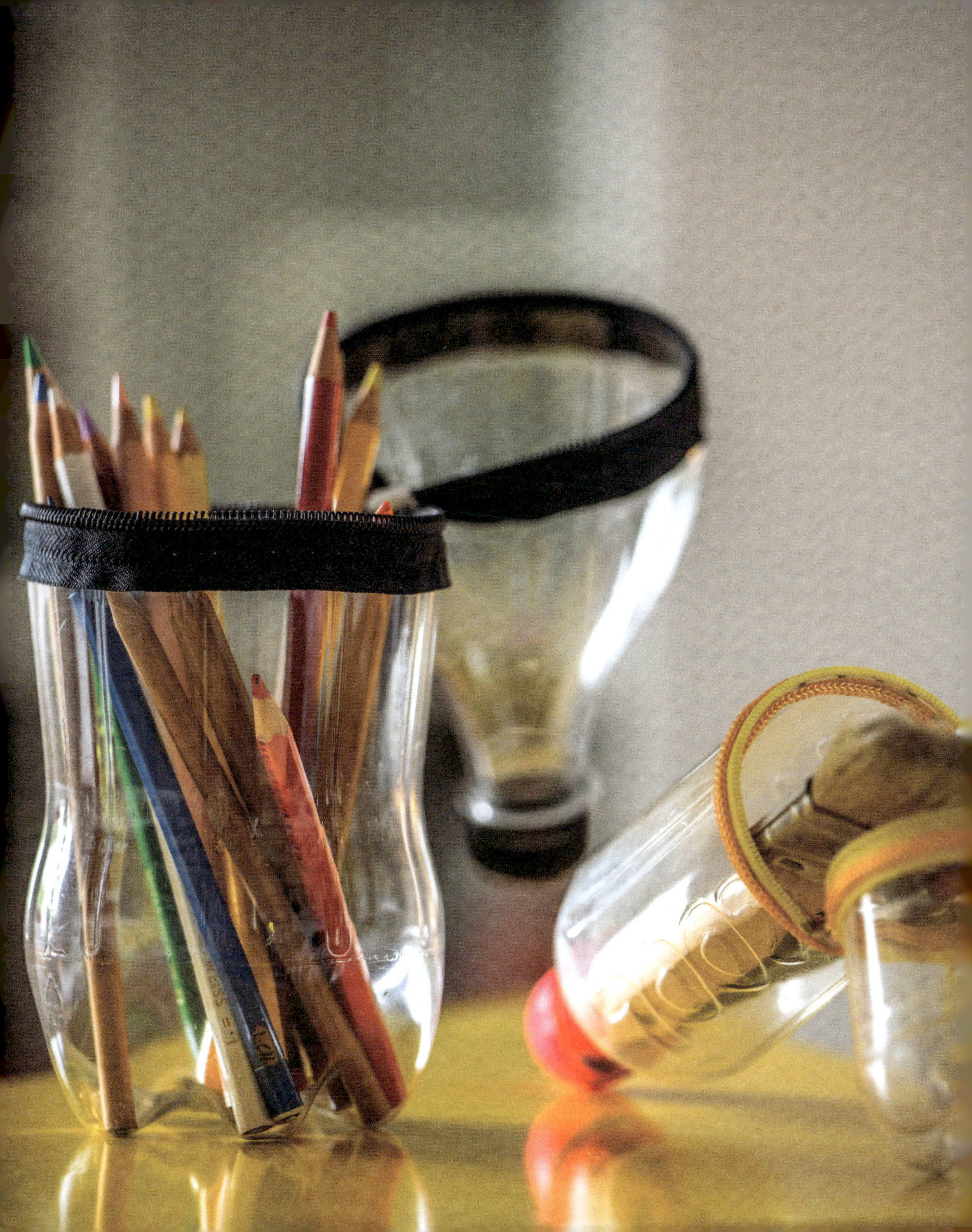

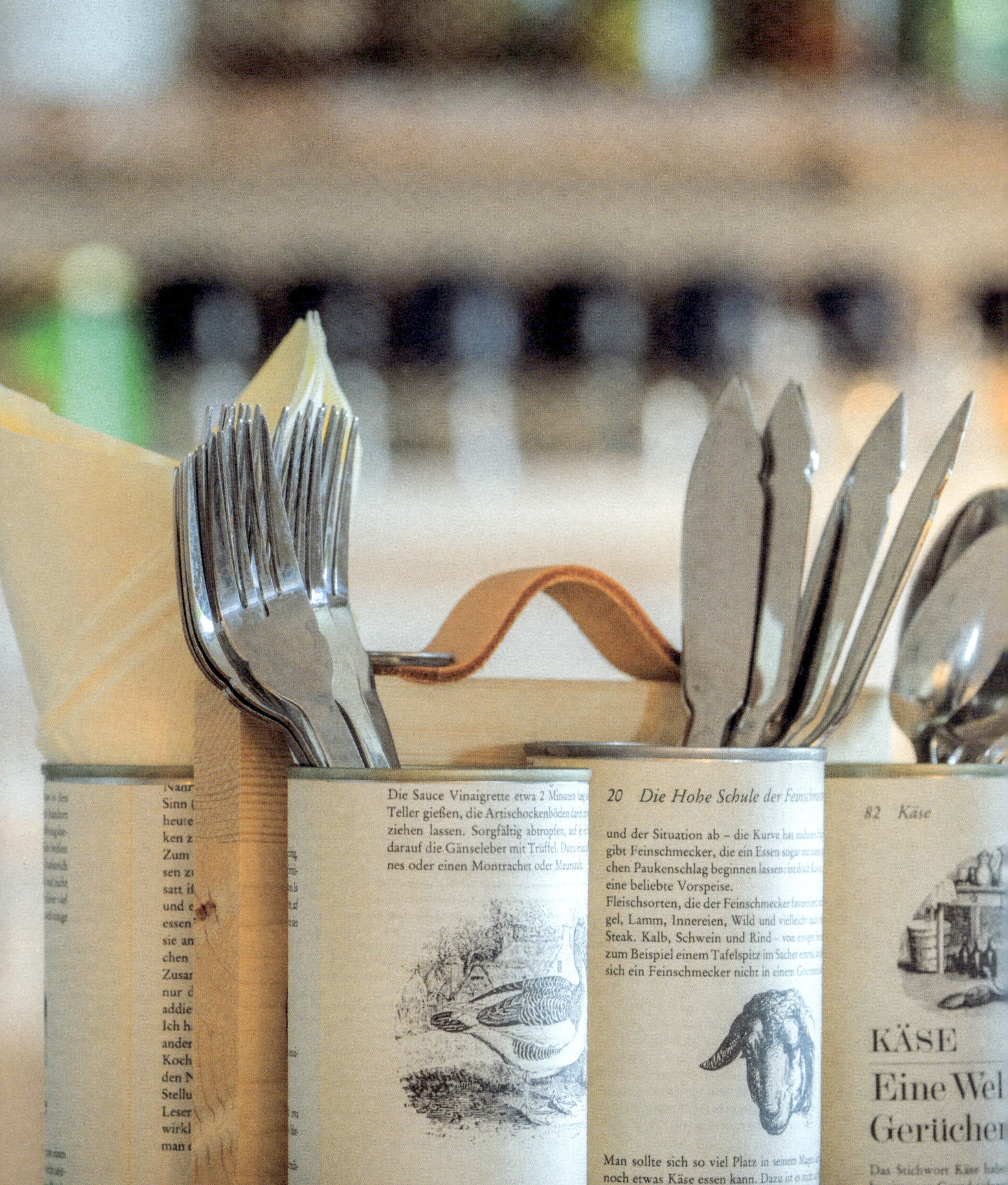

Die Sauce Vinaigrette etwa 2 Minuten
Teller gießen, die Artischockenböden
ziehen lassen. Sorgfältig abtropfen,
darauf die Gänseleber mit Trüffel.
nes oder einen Montrachet oder
20 Die Hohe Schule der
und der Situation ab – die Kurve hat
gibt Feinschmecker, die ein Essen
chen Paukenschlag beginnen lassen:
eine beliebte Vorspeise.
Fleischsorten, die der Feinschmecker
gel, Lamm, Innereien, Wild und
Steak. Kalb, Schwein und Rind –
zum Beispiel einem Tafelspitz im Sacher
sich ein Feinschmecker nicht in einem
Man sollte sich so viel Platz in seinem
noch etwas Käse essen kann.
auch noch Butter und Brot zu essen.
82 Käse
KÄSE
Das Stichwort Käse

Multi-Silo
DOSENTRÄGER

Du brauchst:

- 6 gleichhohe Dosen
- Schutzhandschuh
- Holzbrett, ca. 1,5 cm dick
- Lineal und Stift
- 3 Metallschrauben und 3 Muttern
- Schraubenzieher
- Bohrer
- Griff oder Riemen und Schere
- 2 Holzschrauben oder Nägel
- Hammer
- evtl. kleine Säge

Vorbereitung, Tipps, Alternativen:

- Die Kanten offener Konservendosen und -deckel sind scharf. Verwende einen Handschuh zum Schutz für die Hand, mit der du Dose oder Deckel angreifst.
- Holzbrett: Vielleicht will etwas Altes oder Kaputtes wiederverwertet werden – z. B. Schneidbrett, Regalboden, Schublade … Falls man Holz im Baumarkt kauft, wird es dort gratis zugeschnitten.
- Als Griff kannst du verwerten: alte Gürtel, Koffer- und Taschenriemen, den Bund einer kaputten Jeans …
- Genaueres zu Schrauben und Werkzeug findest du ab Seite 132.

Und so geht's:

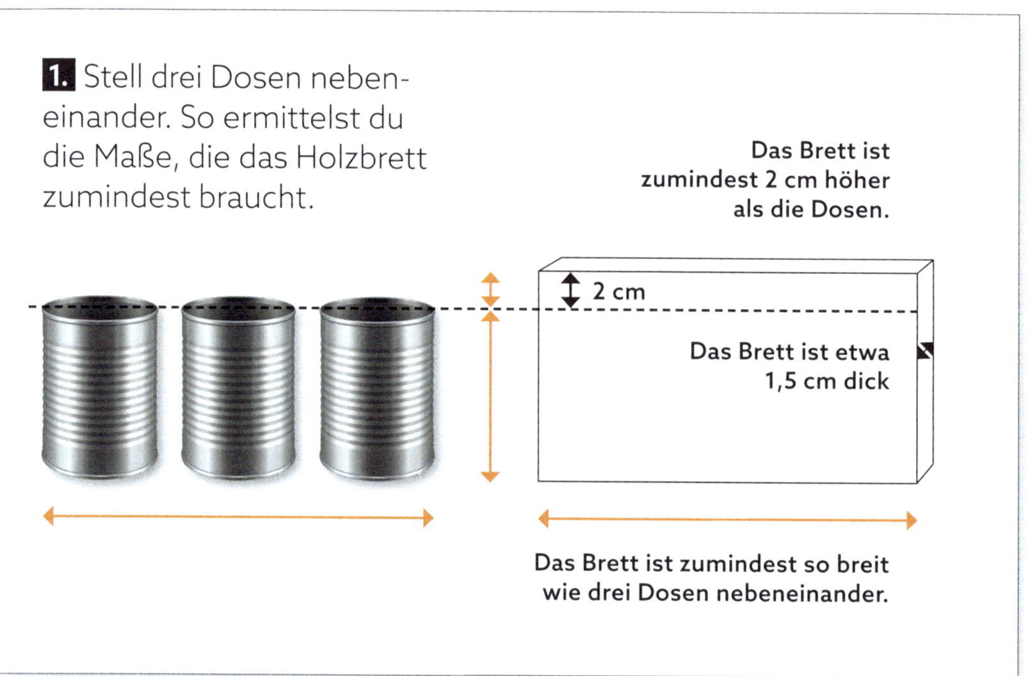

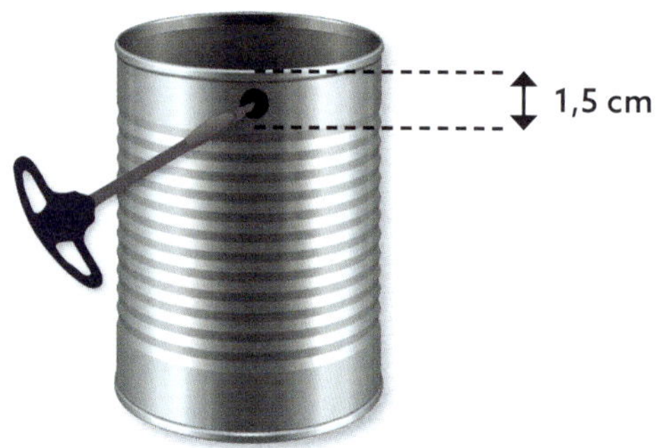

2. Mach mit dem Handbohrer ca. 1,5 cm unter dem Dosenrand ein Loch.

Falls du noch nie mit einem Handbohrer gearbeitet hast: Eine rutschige Metalldose ist nicht der beste Anfang. Lass in dem Fall einen Erwachsenen für dich arbeiten.

3. Alle 6 Dosen brauchen auf derselben Höhe ein Loch. Später muss dort das Gewinde einer Metallschraube durchpassen.

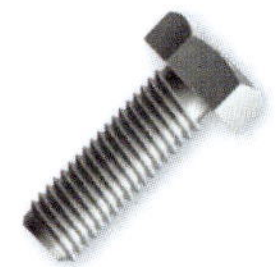

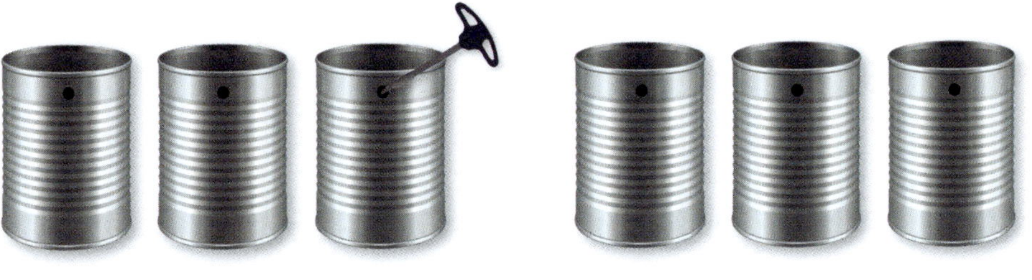

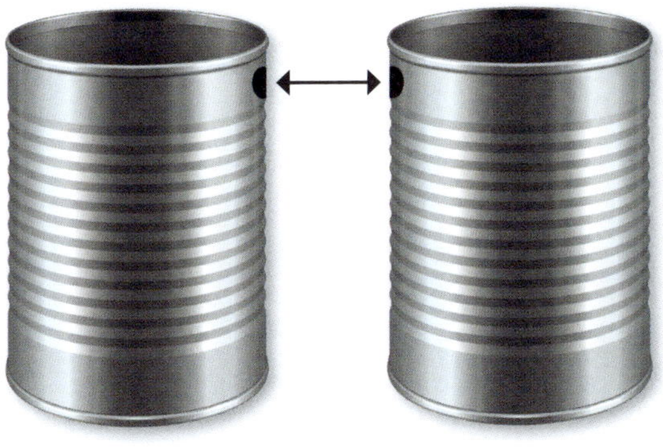

4. Stell zur Probe je zwei Dosen mit den gebohrten Löchern zueinander auf. Prüfe, ob eine Metallschraube waagrecht durch die Löcher geht. Das Gewinde der Schraube muss durchpassen, der Schraubenkopf darf das nicht!

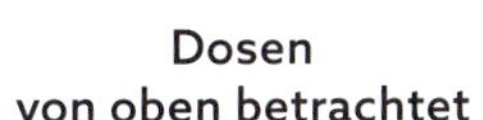

Dosen
von oben betrachtet

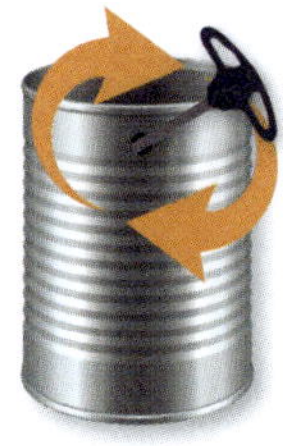

Tipp: Falls das Loch zu klein ist: Steck den Handbohrer schräg und etwas tiefer hinein. Mach mit ihm große, kreisende Bewegungen. So weitest du das Loch.

5. Stell je drei Dosen nebeneinander ans Brett. Steck die Spitze eines Stiftes durch die gebohrten Löcher und markiere die Stellen am Brett.

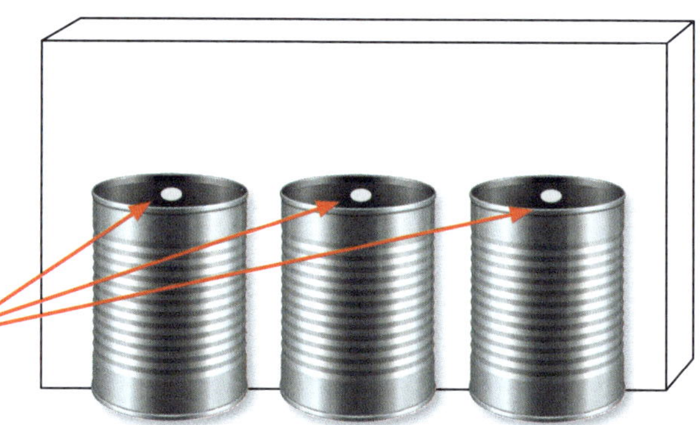

6. Bohre an jeder Markierung ein Loch durch das Brett. Bei weicheren Hölzern, wie z. B. Fichte, geht das gut mit dem Handbohrer.

Bei härteren Hölzern brauchst du Verstärkung. Entweder für mehr Kraft beim Bedienen des Handbohrers oder um mit einer Bohrmaschine zu arbeiten. Eine gute Beschäftigung für einen Erwachsenen.

Das Loch muss nur so groß sein, dass das Schraubengewinde durchpasst.

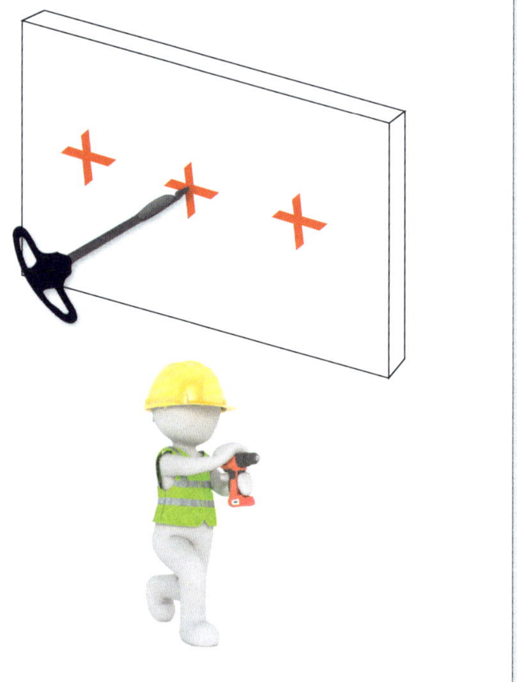

7. Fixiere die Dosen am Brett. Stelle sie so hin, dass die gebohrten Löcher in den Dosen auf ein gebohrtes Loch im Brett treffen.

Durch diesen „Tunnel" steckst du eine Schraube und drehst von der anderen Seite eine Mutter drauf. Gut festziehen – schon sind zwei Dosen am Brett fixiert. Mach das bei allen Dosenpaaren.

Von oben sieht das so aus:

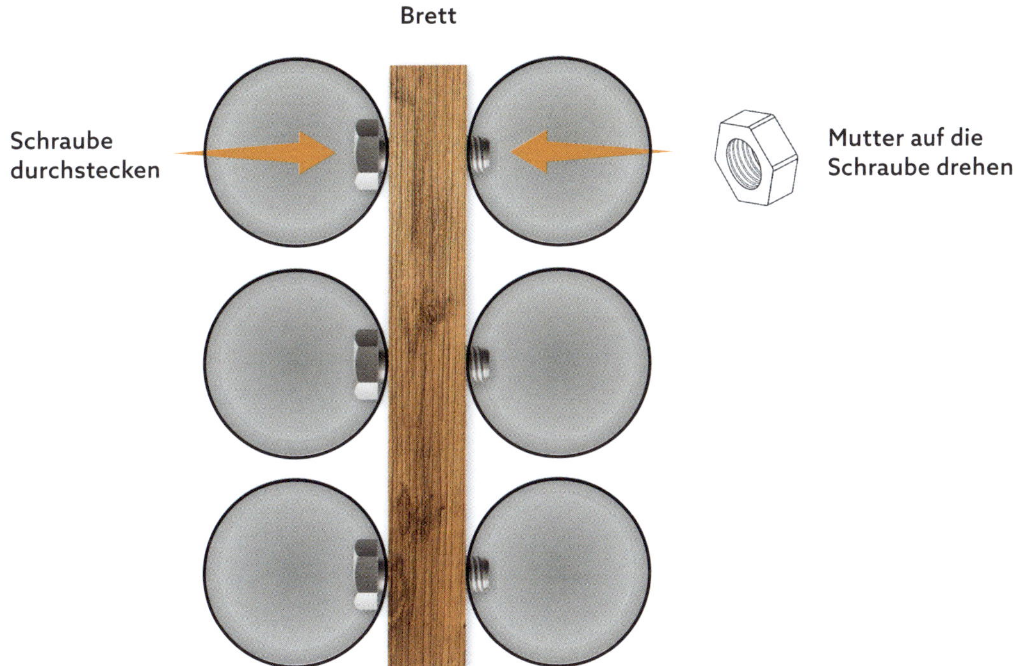

8. Für den Griff gibt es mehrere Varianten:

a. Einen Möbelgriff kannst du nehmen, wenn er zwei Löcher hat. Hier brauchst du spitze Holzschrauben.

b. Weiches Material für den Griff – z. B. Gurt, Leder – kannst du mit Nägeln oder Holzschrauben befestigen.

c. Falls die Holzschrauben einen sehr kleinen Kopf haben, kannst du ihnen eine Halskrause verpassen. Dafür gibt es Vorlegescheiben. Das sind kleine Metallscheiben mit einem Loch in der Mitte.

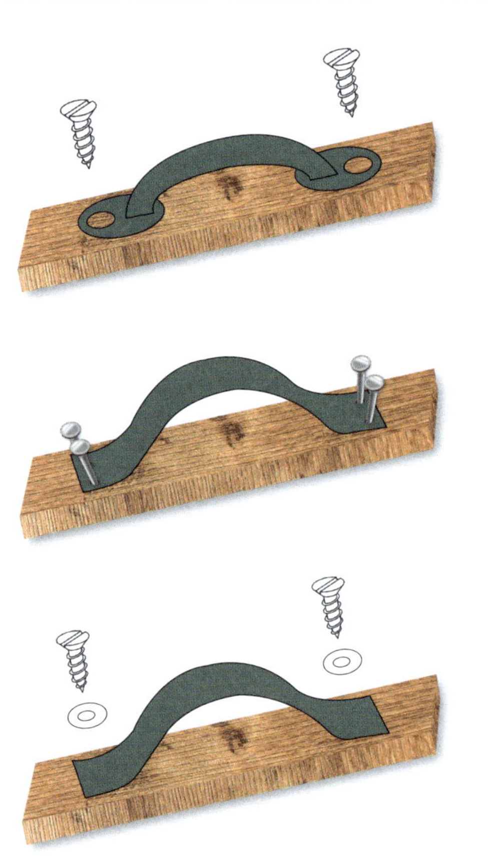

8a. Leg den Möbelgriff oben in der Mitte auf die Schmalseite des Brettes. Dreh die Holzschrauben mit einem Schraubenzieher im Uhrzeigersinn ins Holz hinein. Das geht, weil Holzschrauben sehr spitz sind.

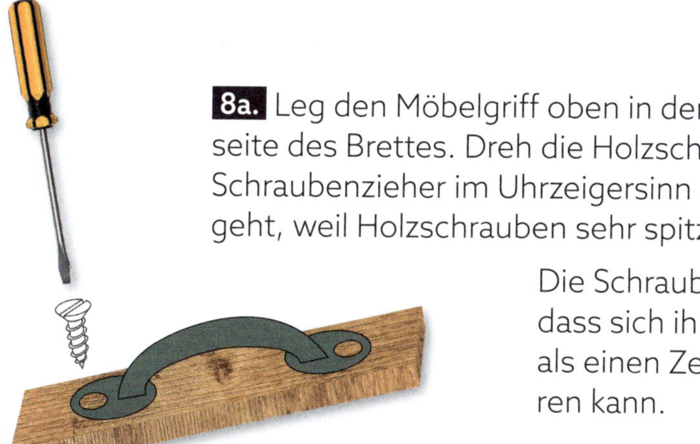

Die Schrauben sollen so lang sein, dass sich ihr Gewinde etwas mehr als einen Zentimeter ins Holz bohren kann.

8b. Positioniere weiches Material so auf der Oberseite des Holzbrettes, dass in der Mitte eine Art Hügel entsteht.

Die Enden des Materials liegen flach auf. Dort werden zwei Nägel pro Seite eingeschlagen. Deinem Daumen zuliebe kannst du ruhig einen Erwachsenen hämmern lassen.

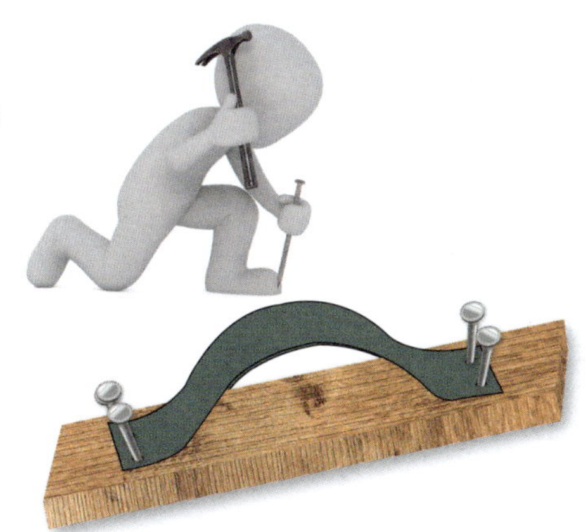

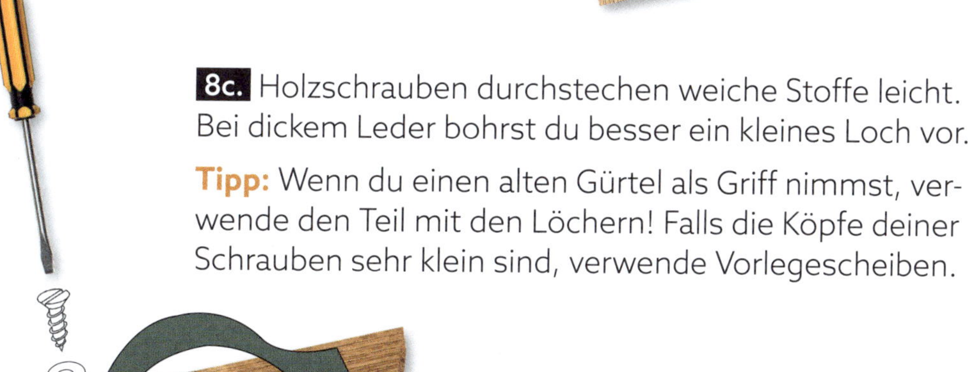

8c. Holzschrauben durchstechen weiche Stoffe leicht. Bei dickem Leder bohrst du besser ein kleines Loch vor.

Tipp: Wenn du einen alten Gürtel als Griff nimmst, verwende den Teil mit den Löchern! Falls die Köpfe deiner Schrauben sehr klein sind, verwende Vorlegescheiben.

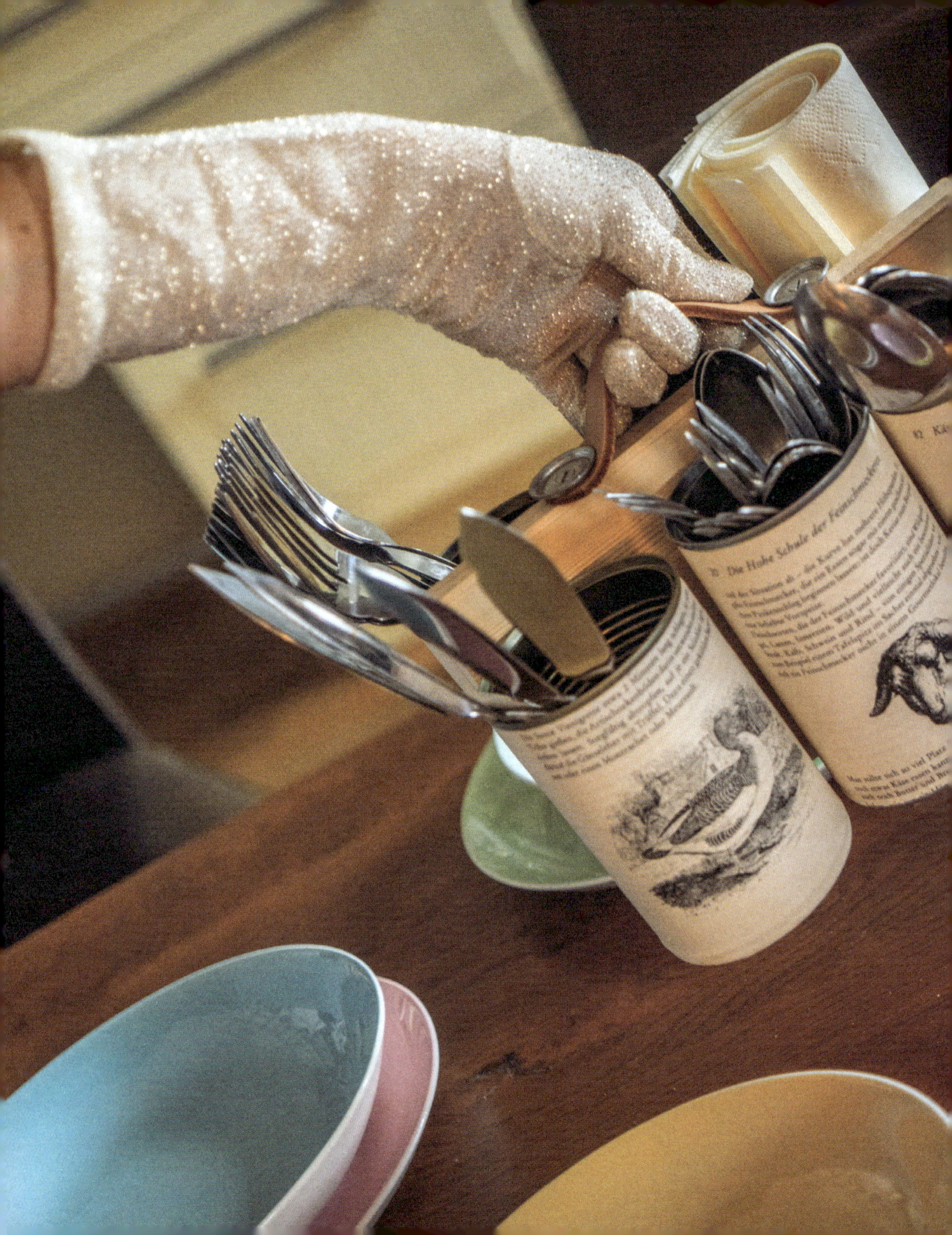
Die Hohe Schule der Feinschmecker

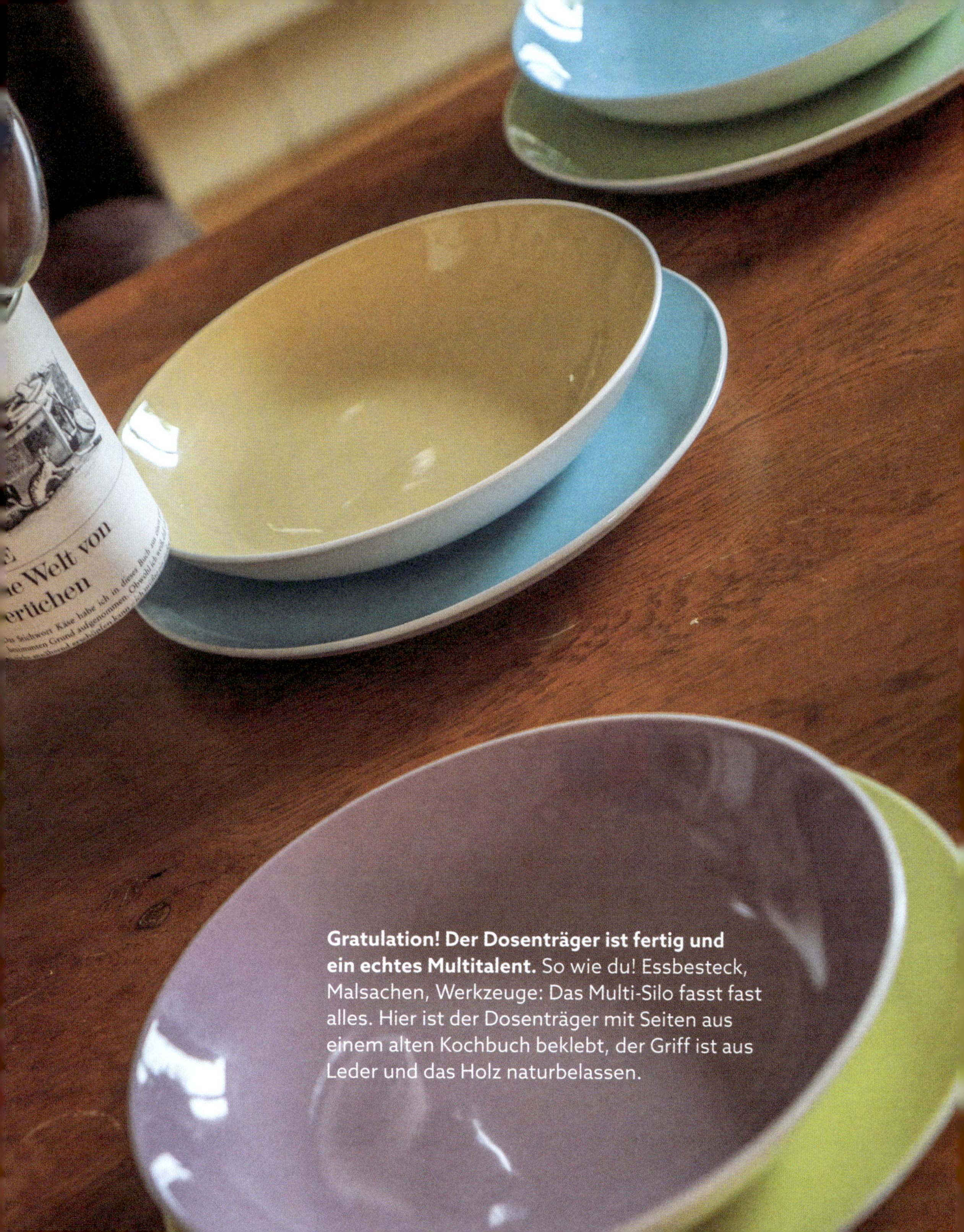

Gratulation! Der Dosenträger ist fertig und ein echtes Multitalent. So wie du! Essbesteck, Malsachen, Werkzeuge: Das Multi-Silo fasst fast alles. Hier ist der Dosenträger mit Seiten aus einem alten Kochbuch beklebt, der Griff ist aus Leder und das Holz naturbelassen.

DIY-Kleister
EASY-CHEASY

Du brauchst:

- 2 Esslöffel Weizenmehl (kein Vollkorn)
- 1 Esslöffel Kristallzucker
- 3/8 Liter Wasser

Falls du nicht so viel Kleister brauchst: Halbiere die Zutaten.

- Kochtopf
- Schneebesen oder Kochlöffel
- Messbecher oder kleines Trinkglas für 1/8 Liter

Vorbereitung, Tipps, Alternativen:

- Bleibt DIY-Kleister übrig, füll ihn in ein Schraubglas. Im Kühlschrank hält er mindestens eine Woche, oft länger. Verdorbener Kleister stinkt scheußlich, das merkst du gleich.
- DIY-Kleister funktioniert genauso gut wie gekaufter. Vorteile: Er ist billiger, lässt sich aus Küchenvorräten machen und man könnte dabei sogar die Finger abschlecken. Muss man aber nicht.

Und so geht's:

1. In einem Kochtopf ⅛ Liter kaltes Wasser und 2 Esslöffel normales Weizenmehl (kein Vollkorn) klümpchenfrei verrühren.

Geht gut mit einem Schneebesen, ein Kochlöffel tut's aber auch.

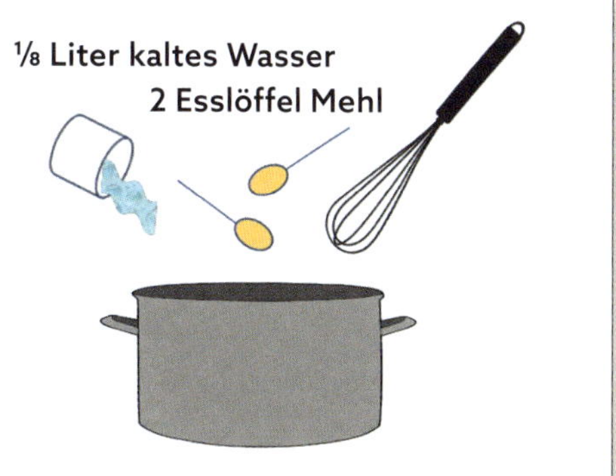

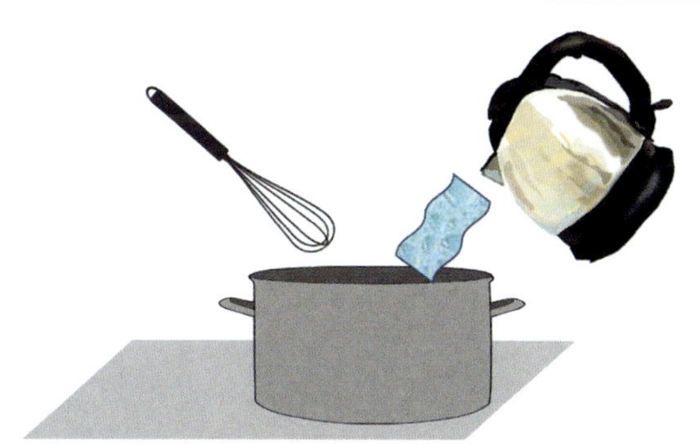

2. Topf auf den Herd stellen und ¼ Liter heißes Wasser zum kalten Mehl-Wasser-Gemisch dazugießen. Herd aufdrehen, unter ständigem Rühren alles leicht zum Köcheln bringen.

3. In die leicht köchelnde Masse einen Esslöffel herkömmlichen weißen Kristallzucker rieseln lassen.

Rühren, bis sich der Zucker aufgelöst hat und alles klümpchenfrei ist.

Topf vom Herd nehmen, Masse abkühlen lassen und dann verwenden.

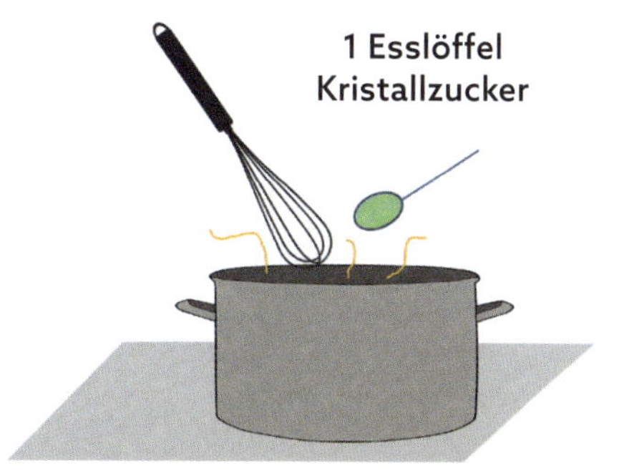

Gekaufter Kleister
RECHNEN ODER FÜHLEN

Du brauchst:

- Tapetenkleister-Pulver
- Wasser
- Messbecher oder kleines Trinkglas.
- Gefäß zum Anrühren
- 2 Löffel oder Löffel und Rührstäbchen

Vorbereitung, Tipps, Alternativen:

- Tapetenkleister in Pulverform ist meist in einem kleinen Karton mit 200 oder 250 Gramm Füllmenge. Gibt es in allen Baumärkten, im (Farben-)Fachhandel und in Bastelshops.
- Eine abwaschbare Arbeitsunterlage und ein alter Fetzen retten Tische.

Und so geht's:

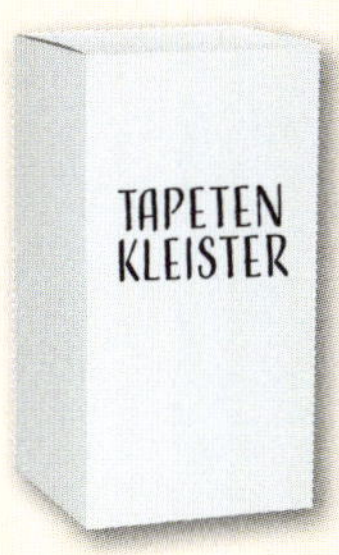

1. Schau auf der Packung nach. Dort steht irgendwo sehr klein, in wie viel Wasser man das Pulver einrührt.

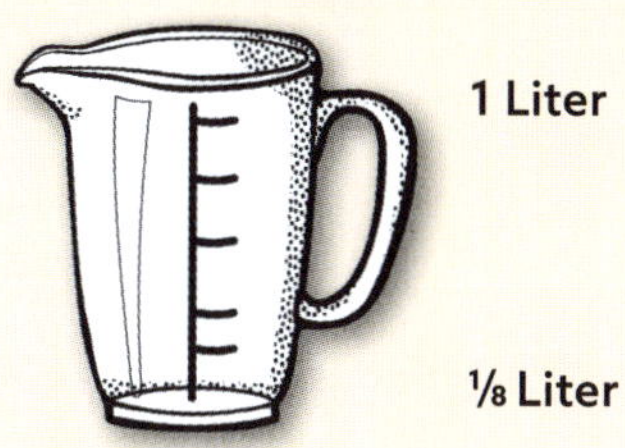

2. Wie viel fertigen Kleister brauchst du? Eine 250-Gramm-Packung Pulver reicht oft für 5 Liter Wasser. Zu viel!

Versuche es mit ca. ⅛ Liter Wasser.

Das misst du entweder in einem Messbecher genau ab. Oder du nimmst ein kleines Trinkglas. Das fasst normalerweise ⅛ Liter Wasser.

3. Du liebst Schlussrechnungen? Die Packung sagt „250 Gramm Pulver für 3,75 Liter Wasser". Wie viel Gramm nimmst du für 0,125 (das ist ⅛) Liter Wasser? Dann wiegst du das berechnete Pulver ab, falls eine genaue Waage da ist.

Oder: Du experimentierst und lernst in Schritt 4, nach Gefühl zu mischen. Das wäre super. Gefühl ist ja auch bei vielen anderen Dingen nützlich.

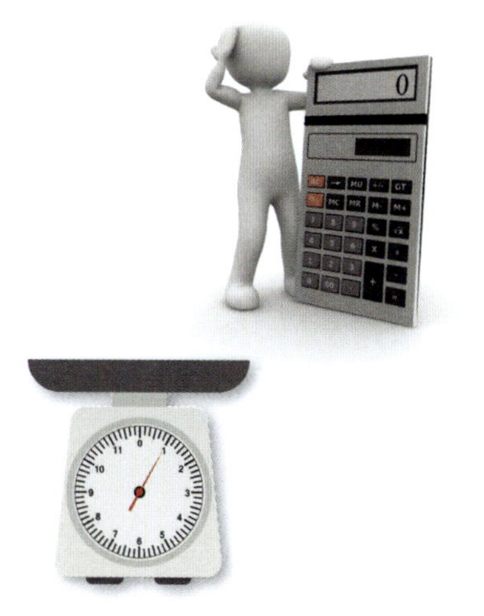

PS: Es sind 8,3 Gramm

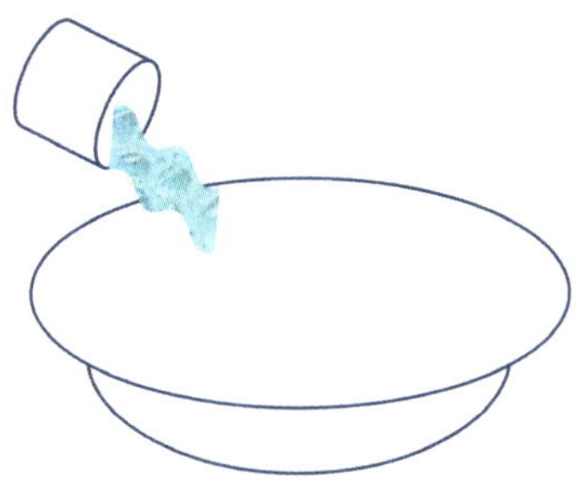

4. Experimentieren beginnt so: Gieße ⅛ Wasser in das Gefäß, in dem du den Kleister anrühren willst.

5. Nimm Kleisterpulver auf einen Esslöffel. Er soll „gestrichen voll" sein, das heißt: kein Gupf! Nimm am Anfang eher zu wenig als zu viel.

Lass das Pulver langsam vom Löffel ins Wasser rieseln und rühre mit der anderen Hand um. Das geht z. B. mit einem alten Essstäbchen oder einem zweiten Löffel.

Pulver langsam einrieseln lassen und dabei ständig umrühren

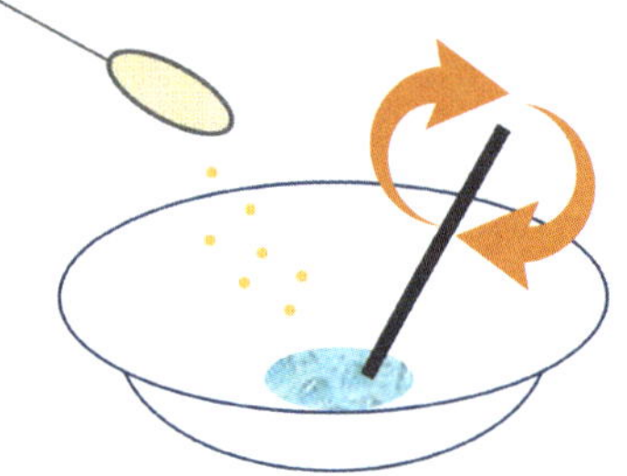

Das Ergebnis bei 1 Esslöffel Kleisterpulver auf ⅛ Liter Wasser ist meistens gut geeignet.

6. Schau die Konsistenz von deinem Gemisch gut an. Greif auch einmal mit dem Finger rein.

Wenn später beim Basteln alles funktioniert, dann weißt du ab sofort, wie sich guter Kleister anfühlt.

7. Ist das Gemisch zäh oder fest wie Pudding geworden, gib etwas Wasser dazu. Ist das Gemisch dünn geblieben wie Kakao, gib mehr Pulver dazu. „Dünner Schleim" beschreibt den Kleister ganz gut: eine glibberige, mittelflüssige Konsistenz.

Auch beim Nachbessern immer rühren, bis alles klümpchenfrei ist.

Mehr Wasser? Mehr Pulver? Nachbessern geht immer.

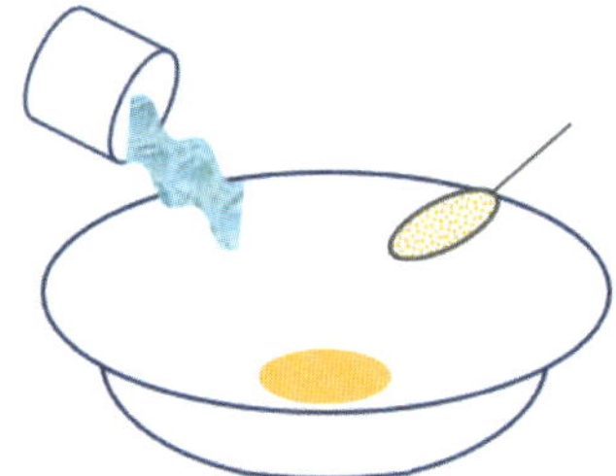

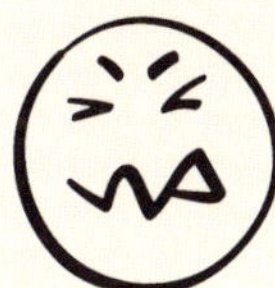

Tipp:
Lass dich beim Experimentieren nie entmutigen! „Fehler" sind Erfahrungen. Nur wenn du auch erlebst, was nicht funktioniert, bekommst du ein gutes Gefühl für das richtige Maß. Klingt schräg, ist aber so.

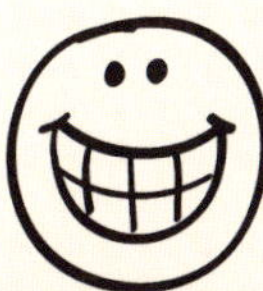

SERVIETTENTECHNIK

Du brauchst:

- Serviette
- Schere
- Kleister
- Gefäß und Rührstäbchen oder Löffel
- Pinsel
- Küchenpapier oder ein altes Handtuch
- abwaschbare Arbeitsunterlage

Vorbereitung, Tipps, Alternativen:

- Serviettentechnik eignet sich für helle, gleichmäßige Oberflächen. Funktioniert fein auf abgeschältem Tetra-Material, silbernen Konservendosen ohne Banderole, Papprollen, Glas, Holz.
- Gut eignen sich Servietten mit weißer oder heller Grundfarbe. Je stärker sich das Motiv vom Untergrund abhebt, desto besser.

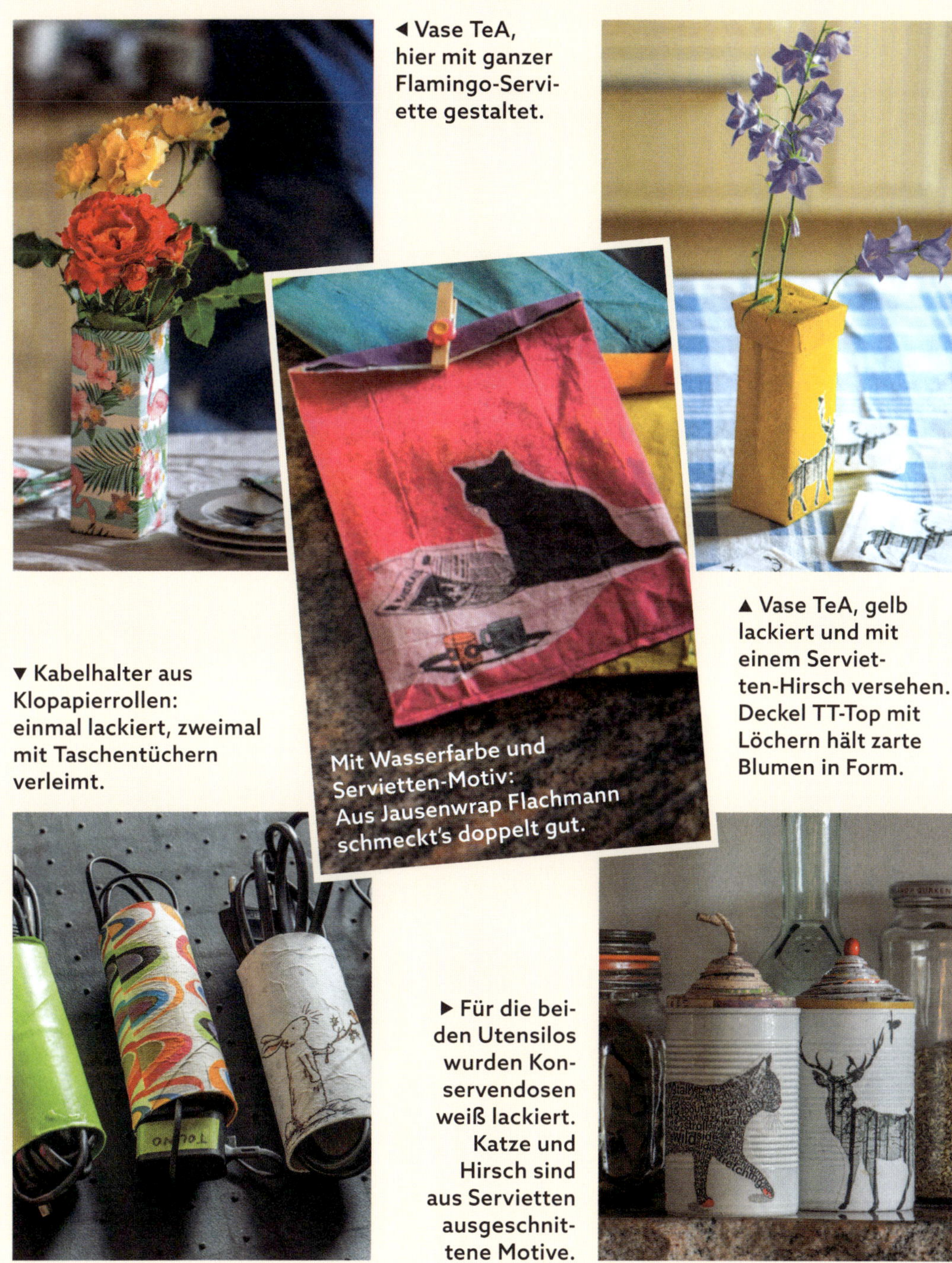

◂ Vase TeA, hier mit ganzer Flamingo-Serviette gestaltet.

▴ Vase TeA, gelb lackiert und mit einem Servietten-Hirsch versehen. Deckel TT-Top mit Löchern hält zarte Blumen in Form.

Mit Wasserfarbe und Servietten-Motiv: Aus Jausenwrap Flachmann schmeckt's doppelt gut.

▾ Kabelhalter aus Klopapierrollen: einmal lackiert, zweimal mit Taschentüchern verleimt.

▸ Für die beiden Utensilos wurden Konservendosen weiß lackiert. Katze und Hirsch sind aus Servietten ausgeschnittene Motive.

Und so geht's:

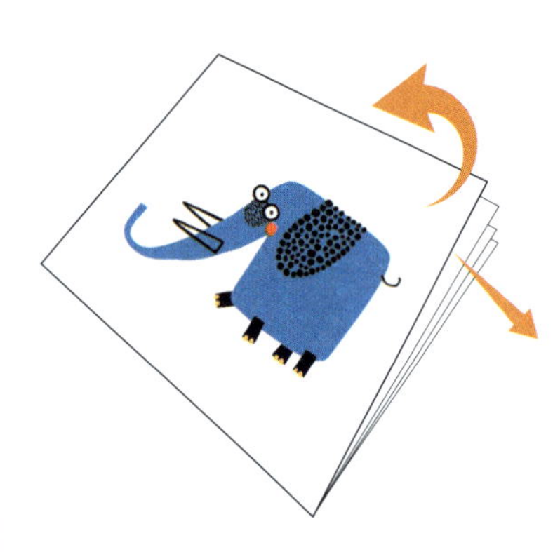

1. Servietten haben zwei oder mehrere Lagen. Löse nur die oberste mit dem Motiv vorsichtig ab.

Leg sie beiseite. Du kannst sie als Ganzes verwenden oder ein Motiv ausschneiden.

Die anderen Schichten brauchst du nicht mehr.

2. Pinsel, ein altes Handtuch und eine abwaschbare Arbeitsunterlage bereitlegen – z. B. ein altes Tablett, eine Fußmatte oder einen Müllsack.

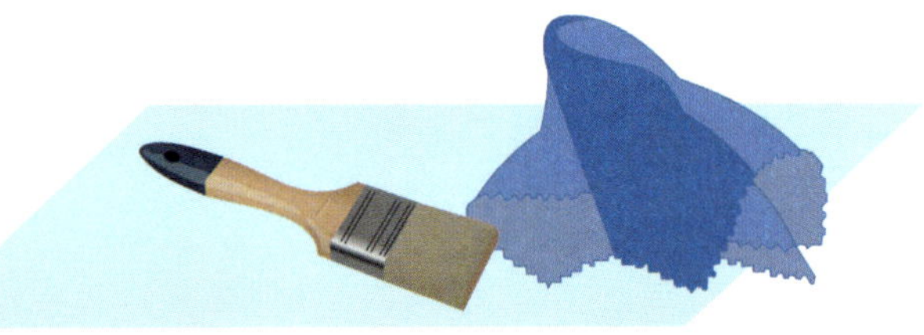

3. Kleister vorbereiten, wie auf Seite 114 beschrieben.

4. Werkstück gut säubern und dann einkleistern. Überlege, wie du das Objekt am besten hältst. Du willst es rundherum bepinseln.

Dann soll es auf die Arbeitsfläche gestellt werden, ohne dort anzukleben.

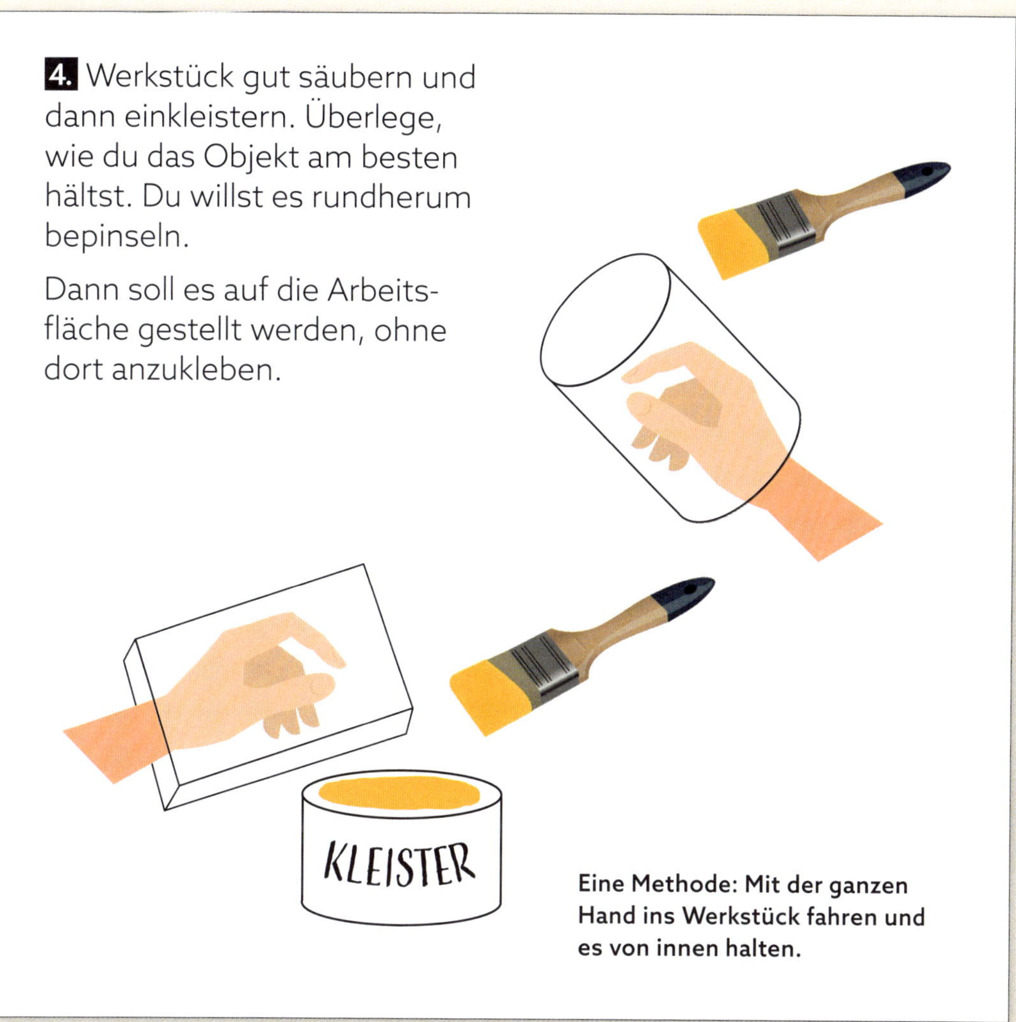

Eine Methode: Mit der ganzen Hand ins Werkstück fahren und es von innen halten.

5. Stell das bekleisterte Werkstück auf die Arbeitsunterlage.

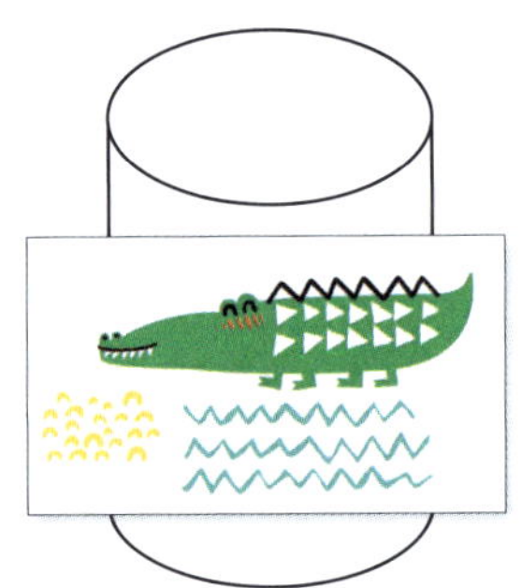

Nimm die Serviettenschicht in beide Hände, halte sie leicht gespannt und setze sie auf das Werkstück. Wenn das Papier den Kleister berührt, haftet es!

Drück die Serviette behutsam an. Wenn eine kleine Falte entsteht: Streiche und klopfe sie sanft mit einem Finger Richtung Rand. Das braucht etwas Übung.

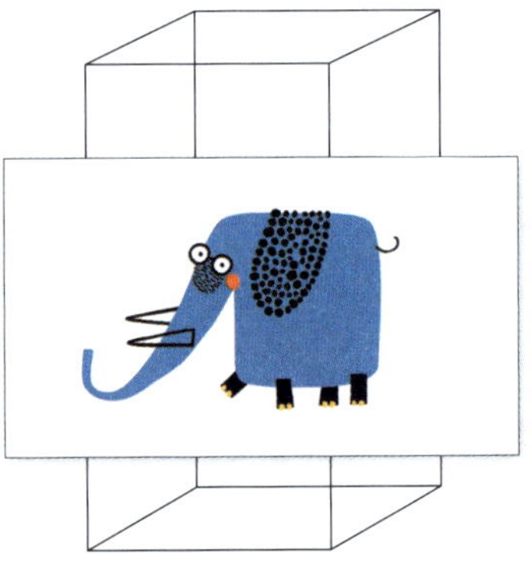

Tipp 1: Ein ausgeschnittenes Motiv aufzukleben ist leichter, als eine ganze Serviette gleichmäßig aufs Werkstück zu bringen. Fang doch mal zum Üben mit kleineren Motiven an!

Tipp 2: Anfangs reißen ganze Servietten gern am Werkstück. Solang der Kleister nass ist, kannst du sie aber leicht als Ganzes wieder herunterwischen. Nimm eine neue Serviette und probier's nochmal – bald klappt das wunderbar.

6. Wenn Werkstück und Kleister trocken sind, prüfe, ob die Serviette überall gut haftet.

Falls nicht: Pinsle noch eine Schicht Kleister über alles drüber.

Trocknen lassen – und fertig!

PS: Wie lange Kleister zum Trocknen braucht, ist unterschiedlich. Voll eingekleisterter Karton mit starkem Papier kann schon die ganze Nacht brauchen. Eine dünne Serviette auf einer Konservendose trocknet rasch.

Tipp: Hebe ein paar Verzierungs-Servietten auf und deck den Tisch damit. Dein Upcycling-Werk daneben: ein toller Effekt!

KLEISTERKLEID

Du brauchst:

- starkes Papier
- Kleister
- Gefäß
- Pinsel
- Rührstäbchen und Löffel oder 2 Löffel
- abwaschbare Arbeitsunterlage

Vorbereitung, Tipps, Alternativen:

- Starkes Papier? Das sind z. B. Tapetenreste, alte Landkarten, Stadtpläne, Geschenkpapier, Seiten von Kalendern …
- Tetra-Material kannst du bekleben, ohne es vorher abzuschälen. Von Konservendosen sollten die Etiketten entfernt werden.
- Für Glas, Holz und Plastik ist es nicht die beste Technik.

Und so geht's:

1. Kleister – entweder du kochst den schlauen DIY-Kleister (Seite 114) oder du rührst einen gekauften Kleister nach Packungsbeilage an.

2. Schneide das Papier so zu, dass es gut auf dein Werkstück passt.

3. Halte das Werkstück über eine Arbeitsfläche und kleistere die Stellen ein, an der später Papier haften soll. Achtung: Der Boden sollte frei bleiben, sonst kannst du es nicht mehr abstellen.

4. Nimm das starke Papier und drück es auf das eingekleisterte Werkstück. Am Anfang kannst du den Sitz des Papiers im nassen Kleister mit viel Gefühl noch ein bisschen korrigieren.

5. Wenn das Papier am Werkstück sitzt, streiche noch eine Schicht Kleister über alles. Gut trocknen lassen.

6. Falls sich später einmal etwas löst: Erneut drüberkleistern geht immer.

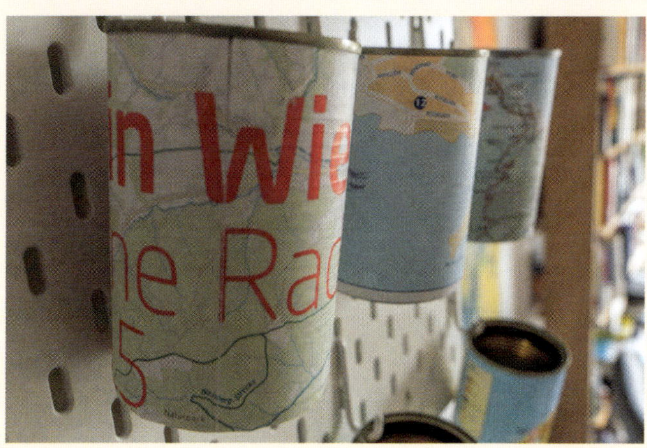

Keine Grenzen kennt das Kleisterkleid. Mit dieser Technik reicht das Wiener Radwegenetz auf der linken Dose fast bis ans Meer um die Insel Madeira. Wer will, kann es sogar mit Grönland oder Afrika zusammenhängen.

BEKLEBEN & NÄHEN

- **Kleben.** Liegen zu Hause bunte Klebe-, Isolierbänder oder Tapes herum? Querstreifen wirken optisch breiter, Längsstreifen schlanker.
- **Nähen.** Bänder, Borten, Zipps oder Stoff lassen sich mit Nadel und Faden leicht an Tetrapak-Material, Pappe, Folien oder dünnem Kunststoff befestigen. Nur bitte nichts stechen, was dichthalten muss – z. B. Vase TeA oder die Pflanzstation.
- **Kleben oder Nähen?** Falls du Klebstoffe durch Annähen ersetzen kannst und magst, ist das fein. Wenn du Kleber verwendest, tu das in einem gut gelüfteten Raum, damit dir nicht zu viel in die Nase steigt.

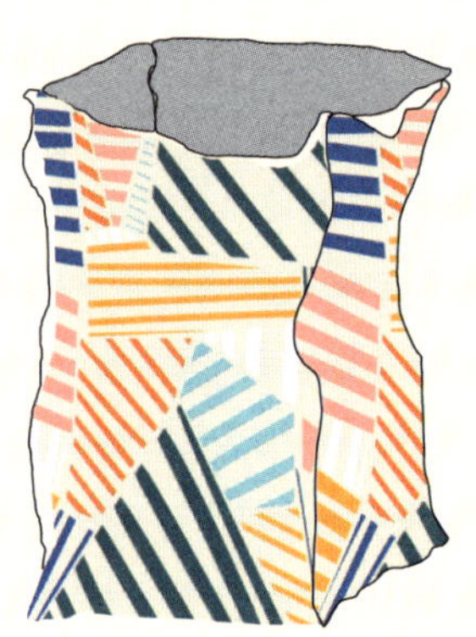
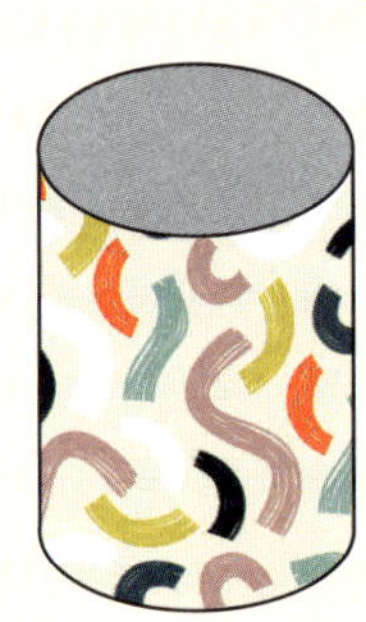
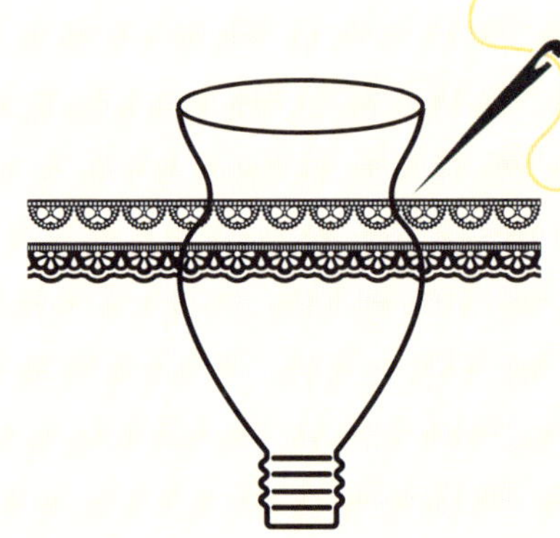

LACK & FARBE

- **Acryllack** auf Wasserbasis haftet gut auf Konservendosen, Tetrapak, Glas, Schraubdeckel, Papier. Es gibt ihn in vielen Farben und kleinen Gebinden. Die Pinsel werden nach Gebrauch – wie bei Acrylfarben – mit Wasser und Seife gereinigt. Das ist praktisch. Der Haken: Obwohl heute weniger chemische Lösungsmittel im Lack sind als früher, ist es noch immer kein Himbeersaft. Um die Dämpfe zu meiden, bitte ausschließlich bei weit offenem Fenster oder im Freien lackieren.

- **Wasserfarben** sind unbedenklich, haften aber nicht überall. Sehr gut halten sie auf Papier, Pappe und abgeschältem Tetrapak. Werden die bemalten Werkstücke später feucht, können Wasserfarben abfärben. Gut überlegen, wo das stört und wo nicht.

- **Was nehmen, was meiden?** Eine individuelle Entscheidung. Manche Menschen verwenden nur ungiftige Materialien, um sich selbst und anderen Gutes zu tun. Zum Beispiel kleistern sie Papier auf ein Werkstück, statt es zu lackieren. Wer Acryllack schätzt, kann auch hier wählen. Mit „Blauer Engel" oder „Geeignet für Kinderspielzeug" gekennzeichnete Produkte versprechen, weniger schädlich zu sein als andere. Lacke mit der Aufschrift "Innen" sollten milder sein als die wetterfesten für den Außenbereich.

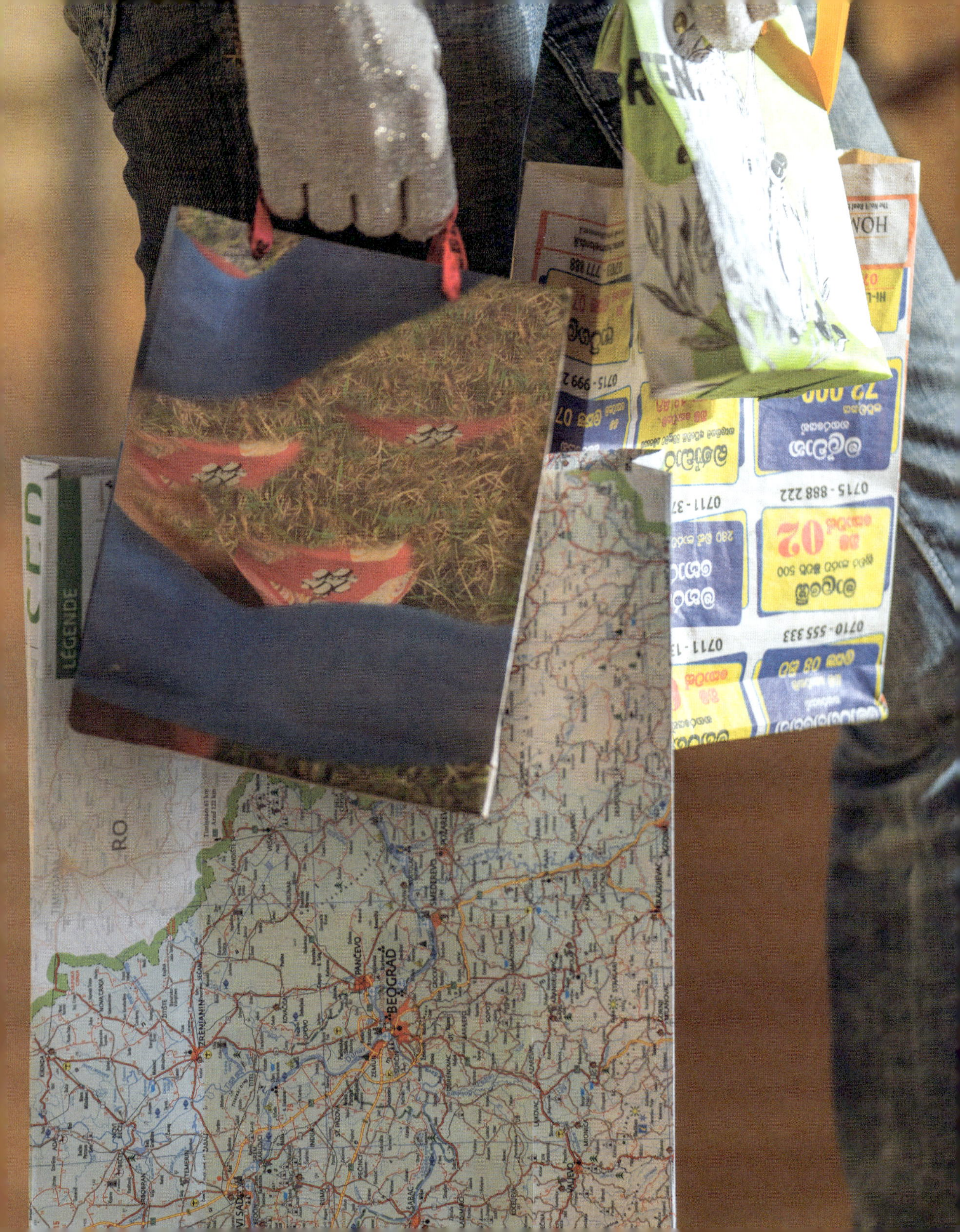
LEGENDE
RO
BEOGRAD
PANČEVO
SMEDEREVO
0715 - 888 222
0710 - 555 333

BRAVO!
Du hast es in der Hand!

Wenn du aus alten Dingen etwas Neues gestaltest, schützt du auch die Umwelt.

Vorhandene Dinge schlau zu nützen, anstatt sie wegzuwerfen, vermeidet viel Müll. Du wirst zum Macher, weil du immer mehr selbst herstellen kannst und weniger kaufen musst. Schlau fürs (Taschen-)Geld ist das natürlich auch.

Durch Upcycling und „Do it yourself" entstehen die besten Geschenke überhaupt – wie zum Beispiel Portmonee, Notizblock oder Gralswächter aus diesem Buch. Damit schenkst du echte Freude!

WERKZEUGE

Klebepistole

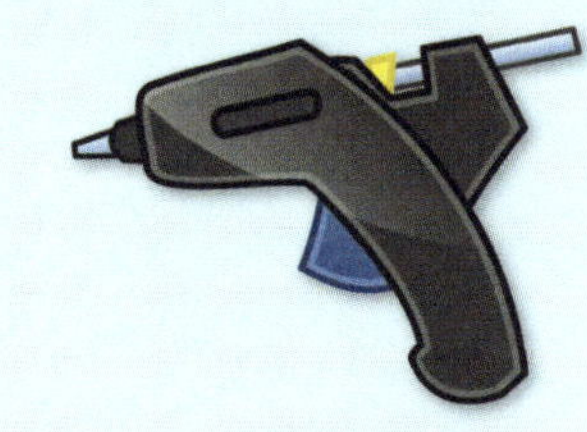

Eine Heißklebepistole erhitzt Klebepatronen – und zwar ordentlich! Daher bitte nie in den flüssigen Kleber greifen.

Die Herausforderung: Wenn der heiße Kleber einmal auf eine Fläche aufgetragen wurde, muss diese sehr rasch mit ihrem Gegenstück verbunden werden. Sobald der Kleber abgekühlt ist, funktioniert es nicht mehr.

Die Klebepistole kommt beim Zipper-Pet (Seite 98) zum Einsatz.

Stanleymesser

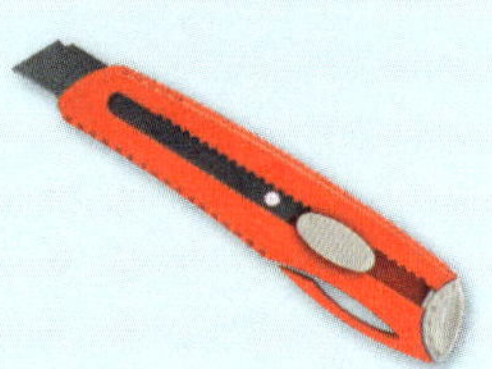

Das Stanley- oder Schneidemesser hat eine rasiermesserscharfe Klinge. Sie kann ein- und ausgefahren werden. Bitte das Messer nur an der Schutzhülle angreifen, niemals an der Klinge, oder das Schneiden einem Erwachsenen überlassen.

Will man z. B. eine Plastikflasche schön aufschneiden, setzt man zuerst das Stanleymesser an der beabsichtigten Schnittlinie wie eine Säge an. Ist der erste Schnitt in die Flasche „gesägt", kann man mit der Schere weitermachen. Gut einzusetzen ist das z. B. zur Herstellung der Pflanzstation (Seite 92).

Handbohrer

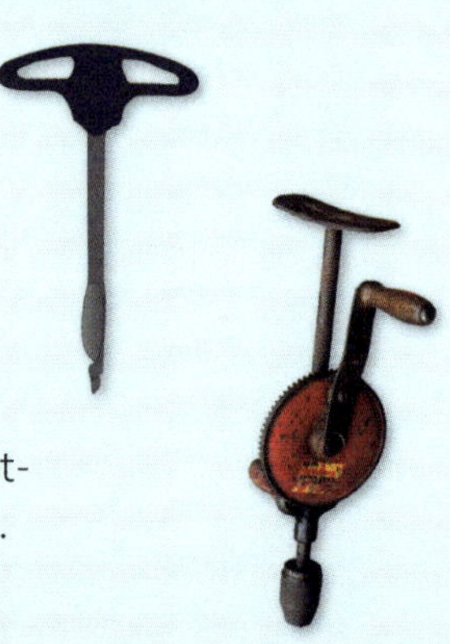

Das einfachste Modell ist ein Metallstift mit Griff und gewundener Spitze, ähnlich wie ein Korkenzieher. Diesen Bohrer gibt es in verschiedenen Dicken.

Handbohrer mit Kurbel und Rad verstärken die eingesetzte Kraft. Bohrstifte verschiedener Dicke können in die dafür vorgesehene Halterung einsetzt werden.

Der Handbohrer ist bei vielen Upcycling-Projekten unverzichtbar, z. B. bei Hänguru (Seite 18) und Dosenträger (Seite 104). Auch für die Wasserflamme (Seite 12) ist er hilfreich.

Schrauben, Muttern, Schraubenzieher

Schrauben bestehen aus Kopf und Gewinde, sie können verschiedene Werkteile miteinander verbinden. Es gibt Unmengen von Schraubenformen. Eine grobe Unterteilung ist jene in Metall- und Holzschrauben:

Das Gewinde von Metallschrauben ist unten flach. Die Rillen des Gewindes können, müssen aber nicht bis hinauf zum Kopf reichen (Voll- bzw. Teilgewinde).

Eine Mutter lässt sich wie ein Verschluss auf das Gewinde drehen.

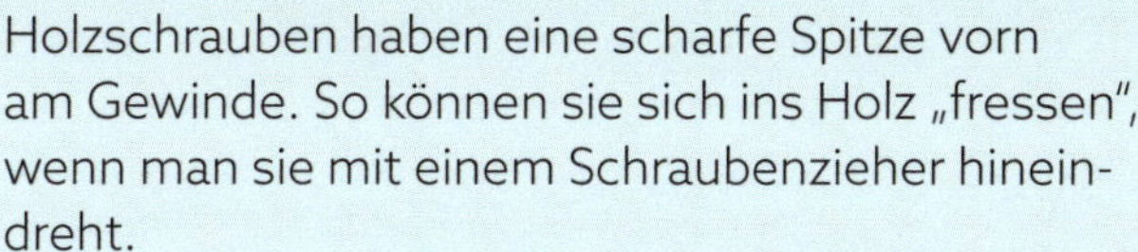

Holzschrauben haben eine scharfe Spitze vorn am Gewinde. So können sie sich ins Holz „fressen", wenn man sie mit einem Schraubenzieher hineindreht.

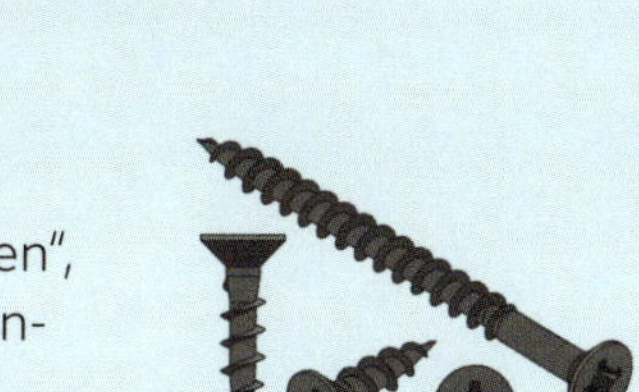

Die Köpfe von Schrauben habe kreuz- oder schlitzförmige Einkerbungen. Passend dazu gibt es Kreuz- und Schlitz-Schraubenzieher, die in die jeweilige Einkerbung „greifen".

Greift ein Schraubenzieher nicht, obwohl seine Form und seine Größe passend sind, ist wahrscheinlich der Kreuzkopf der Schraube ausgeleiert. Wenn die Einkerbung zu stark abgenützt ist, muss die Schraube leider ausgemustert werden.

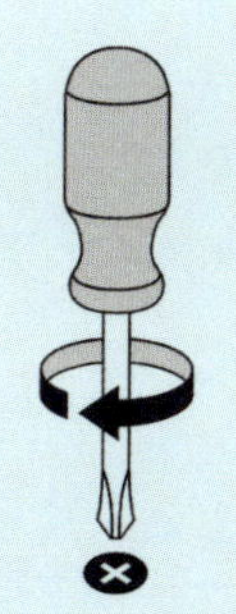

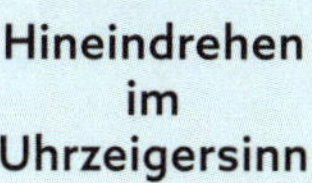

Hineindrehen im Uhrzeigersinn

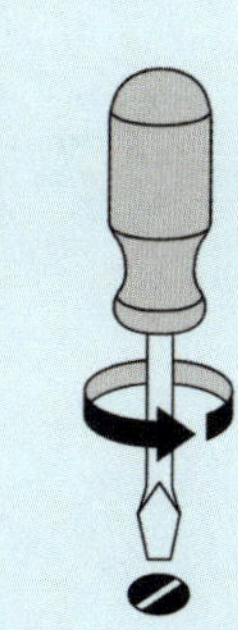

Herausdrehen gegen den Uhrzeigersinn

Bürolocher und Lochzange

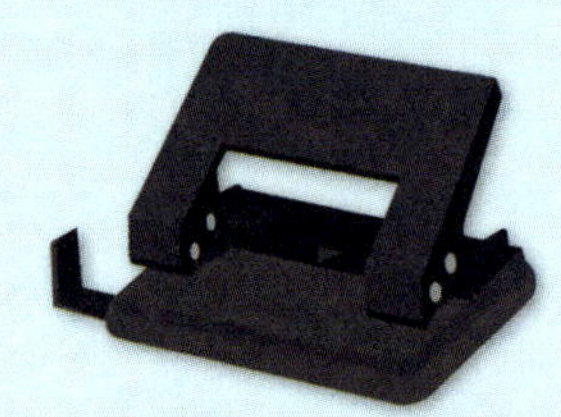

Der Bürolocher macht gleichzeitig zwei Löcher in einem festgelegten Abstand in Papier – sehr praktisch! Ein paar Blätter lassen sich auch übereinander in den Locher schieben.

Mit der Lochzange geht nur ein Loch auf einmal, dafür kommt man aber durch etwas dickere Materialien wie Karton, Leder oder Stoff.

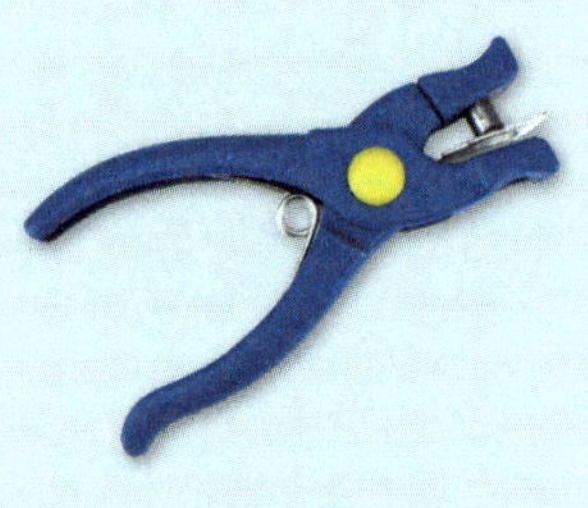

Lochzangen gibt es mit einem einzelnen Stanzer (Bild rechts) oder mit einem Rad, das verschieden große Stanzaufsätze bietet.

Für die Anzündhilfe Bränndi im Geschenke-Style (Seite 82) wird der Karton einer Klopapierrolle mit der Zange gelocht. Stanzt man Löcher in Deckel TT-Top (Seite 64) und setzt ihn auf Vase TeA (Seite 56) kann man einzelne Blumen schön anordnen.

Hammer und Nagel

Hammer und Nagel sind eine Alternative, um Löcher präzise in Blech, Tetrapak, Plastik, Karton, Leder oder Folie zu schlagen. Die Lochgröße hängt vom verwendeten Nagel ab. Ein Arbeitsbrett als Unterlage ist nötig, wenn man ein Loch in weiches Material schlagen möchte.

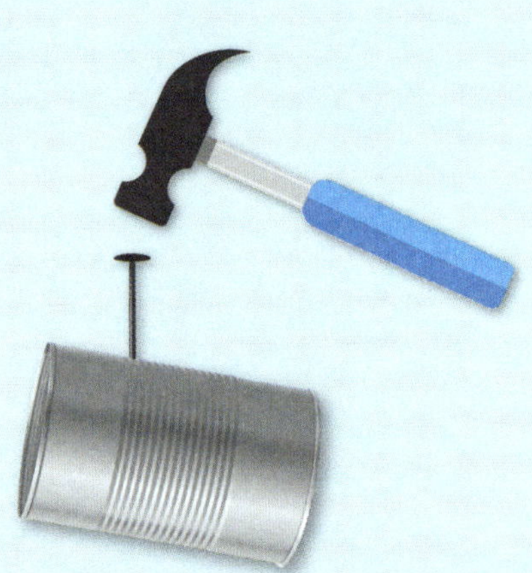

Spezialfall Konservendose

Nägel rutschen auf gekrümmten Oberflächen notorisch ab. Daher ist die folgende Technik ausschließlich für erwachsene DIY-Yogis gedacht: Im Fersensitz die leere Dose zwischen die Oberschenkel klemmen. So hält sie still. Genauso still muss man dann den Nagel halten, während man sachte draufschlägt. Mit Achtsamkeit arbeiten, wie im Yoga.

Heftklammermaschine

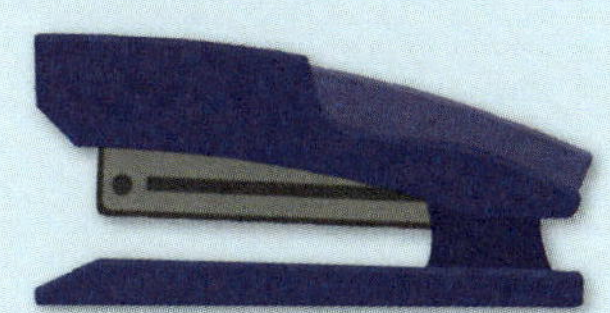

Heftklammermaschinen pressen kleine Metallklammen in Papier, Tetrapak oder Karton. Auch bei Verpackungsfolie funktioniert das gut.

Die Mittelfächer im Portmonee Kaffee (Seite 76) sind so aneinander fixiert.

Kombizange

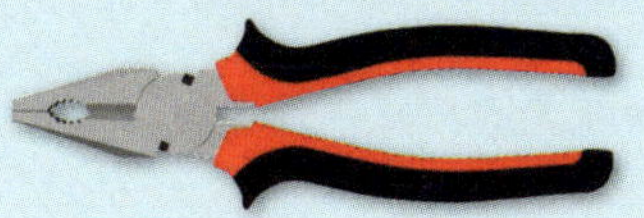

Die Königin unter den Zangen: Sie kann halten, quetschen, biegen und sogar Draht oder kleine Blechteile abzwicken. Sehr praktisch für eigentlich eh fast alles.

Falls beim Ringerl Raumwunder (Seite 8) ein kleiner Blechteil wegsteht – die Kombizange macht ihn platt.

DEIN BASTELMATERIAL – SO VIEL MEHR ALS MÜLL!

Konservendosen

• Raumwunder • Dosenträger • Hänguru • Wasserflamme

Aus Konservendosen lässt sich viel machen, aber in einem sind sie alle gleich: Ihr rundes Blech kann rasiermesserscharf sein, besonders am Deckel.

Trag immer auf jener Hand, mit der du eine Dose oder einen Teil von ihr angreifst, einen Schutzhandschuh. Es muss kein eigens gekaufter sein – ein stärkerer Handschuh oder ein Kochhandschuh schützt auch.

Gestaltung:

Serviettentechnik, Kleisterkleid, Lackieren, Durchlöchern oder nur Abschälen. Papier-Etiketten lassen sich leicht von den silbernen Dosen lösen. Sie haben ein ganz vorzügliches Industrie-Design. Oft sind sie mit kleinen Rillen ausgestattet, was ihre Form noch spannender macht.

Entsorgung:

Dosen werden industriell recycelt. Daher ist es schlau, sie in die eigens dafür vorgesehenen Sammelbehälter – Gelbe Tonnen bzw. Gelber Sack – zu bringen. Landen Konserven im Restmüll, kommen sie in die Müllverbrennung. Danach müssen sie mit großen Magneten aus der Verbrennungsschlacke gefischt werden.

Schraubgläser

• Gralswächter • Schwebeglas • Wasserflamme

Viele Schraubgläser haben hartnäckige Etiketten. Leg sie in ein Gefäß mit Wasser und lass sie so lange drinnen, bis die Etiketten sich gut lösen. Entferne die Reste mit einem Teigschaber oder einem stumpfen Buttermesser.

Gestaltung:
Serviettentechnik am Glas, Lackieren oder Bekleben des Deckels. Glas ist ein sehr edles Material. Daher werden die Projekte oft am schönsten, wenn nur der Deckel – nicht das Glas – verziert wird.

Entsorgung:
Glas wird eingeschmolzen und recycelt. Sowohl für Weiß- als auch für Buntglas gibt es eigene Sammelbehälter. Landen die Schraubgläser im Restmüll, sind sie als Rohstoffe leider verloren. Deckel von Schraubgläsern (Blech sowie Plastik) werden auch getrennt gesammelt, kommen aber in die Gelbe Tonne bzw. den Gelben Sack.

Tetrapak

• Vase TeA • Utensilo U_do • Flachmann • Lichtsackerl

Eigentlich heißt es „Getränkeverbundkarton". Ganz innen ist eine wasserdichte silberne Folie, ganz außen eine Folie mit dem Produktaufdruck. Dazwischen liegt eine Kartonschicht – auf die sind wir scharf! Die „Grundbehandlung Tetrapak" (Seite 50) zeigt, wie du durch „Abschälen" darankommst.

Gestaltung:
Kleisterkleid und Lackieren geht immer, für die Serviettentechnik ist abgeschältes Tetrapak-Material nötig. Tetrapaks lassen sich zerschneiden, vernähen, durchlöchern, bekleben, umschlagen ... Klasse für kreative Ideen!

Entsorgung:
Tetrapaks werden getrennt gesammelt und kommen in die Gelbe Tonne bzw. den Gelben Sack. Beim Recyceln werden die drei Schichten voneinander getrennt. Die Folien kommen als Brennstoff in Industriebetriebe, der Karton wird großteils wieder zu Karton recycelt.

PET- und Plastikflaschen

• Pflanzstation • Zipper-Pet

Die Papier-Etiketten lassen sich von den meisten Getränkeflaschen gut ablösen. Die Dicke des Plastikmaterials ist je nach Herstellungsart der Flasche unterschiedlich. Die Schnittkanten können scharf sein – daher Achtung beim Zerschneiden.

Gestaltung:
Zerschneiden, Bekleben, Aufnähen, Lochzange. Kleisterkleid und Serviettentechnik sind möglich, bringen aber bei bauchigen Formen nicht so gute Ergebnisse.

Entsorgung:
Getrennte Sammlung in Gelber Tonne oder Gelbem Sack. Plastik wird gereinigt, zu „Rezyklat" zerkleinert und daraus entstehen neue Plastik-Gegenstände. Plastikflaschen in die Gelbe Tonne zu tragen, ist echt super. In Österreich kommen nämlich jedes Jahr 1,6 Milliarden Plastikflaschen neu in Umlauf – und was davon im Restmüll landet, wird verbrannt … puh!

Altpapier

• Alter Falter • Notizbuch Paper_back • Deckel Pop-up

Altpapier ist an sich schon ein Kunstwerk. Mit alten Stadtplänen oder exotischen Gebrauchsanweisungen lassen sich tolle Effekte erzielen. Aber auch Zeitungsseiten wirken spannend, wenn sie z. B. mit Stempeln bedruckt werden.

Gestaltung:
Bemalen, Bedrucken, Falten, Lochen; als Gestaltungselement lässt sich Altpapier auch gut auf etwas anderes draufkleben (Kleisterkleid, Seite 126).

Entsorgung:
Altpapier wird in eigenen Containern gesammelt (gemeinsam mit Pappkartons) und kommt ins Recycling. Papierfasern können etwa sechsmal wiederverwertet werden, erst dann machen sie schlapp.

Klopapierrollen

• Anzündhilfe Bränndi • Geschenkpackung Hüllari

Wird Bränndi als Sammelsystem konzipiert und verheizt, darf sie ruhig aussehen wie ein Zombie. Für die Geschenkvarianten – Hüllari (Seite 88) und Bränndi (Seite 82) – oder um einen Kabelhalter herzustellen, sollten die Rollen gut von Papier- und Kleberesten befreit werden.

Gestaltung:
Serviettentechnik, Kleisterkleid, Bemalen, Lochen.
Gestaltung für Bränndi: nur Naturmaterialien, die problemlos verbrennen.

Entsorgung:
Der kleine Karton kommt ins Altpapier – falls du nicht schon Feuer und Flamme fürs Upcycling bist und aus den Rollen fortan Geschenke und Verpackungen produzierst

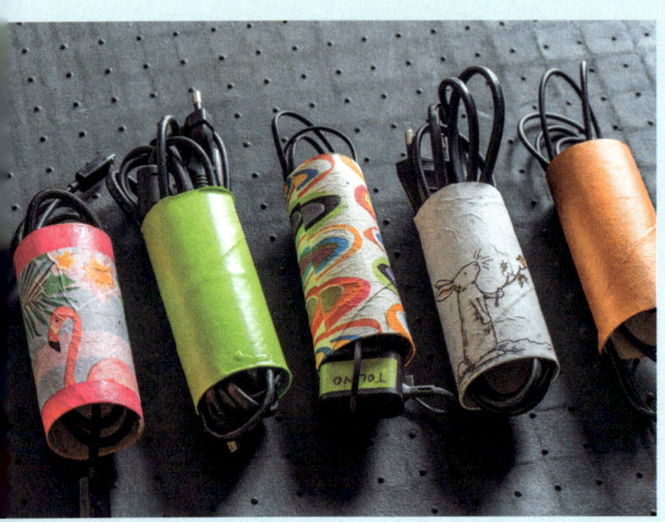

Nie wieder Kabelsalat!
Natürlich funktioniert das auch mit „nackten" Klopapierrollen hervorragend. Aber ehrlich: So machen die Dinger einfach mehr Spaß. Mit schönen Servietten, ungewöhnlichem Altpapier oder einfach mit deiner Lieblingsfarbe gestaltest du individuelle Kabelhalter und bringst gute Laune in die dunkelste Schublade.

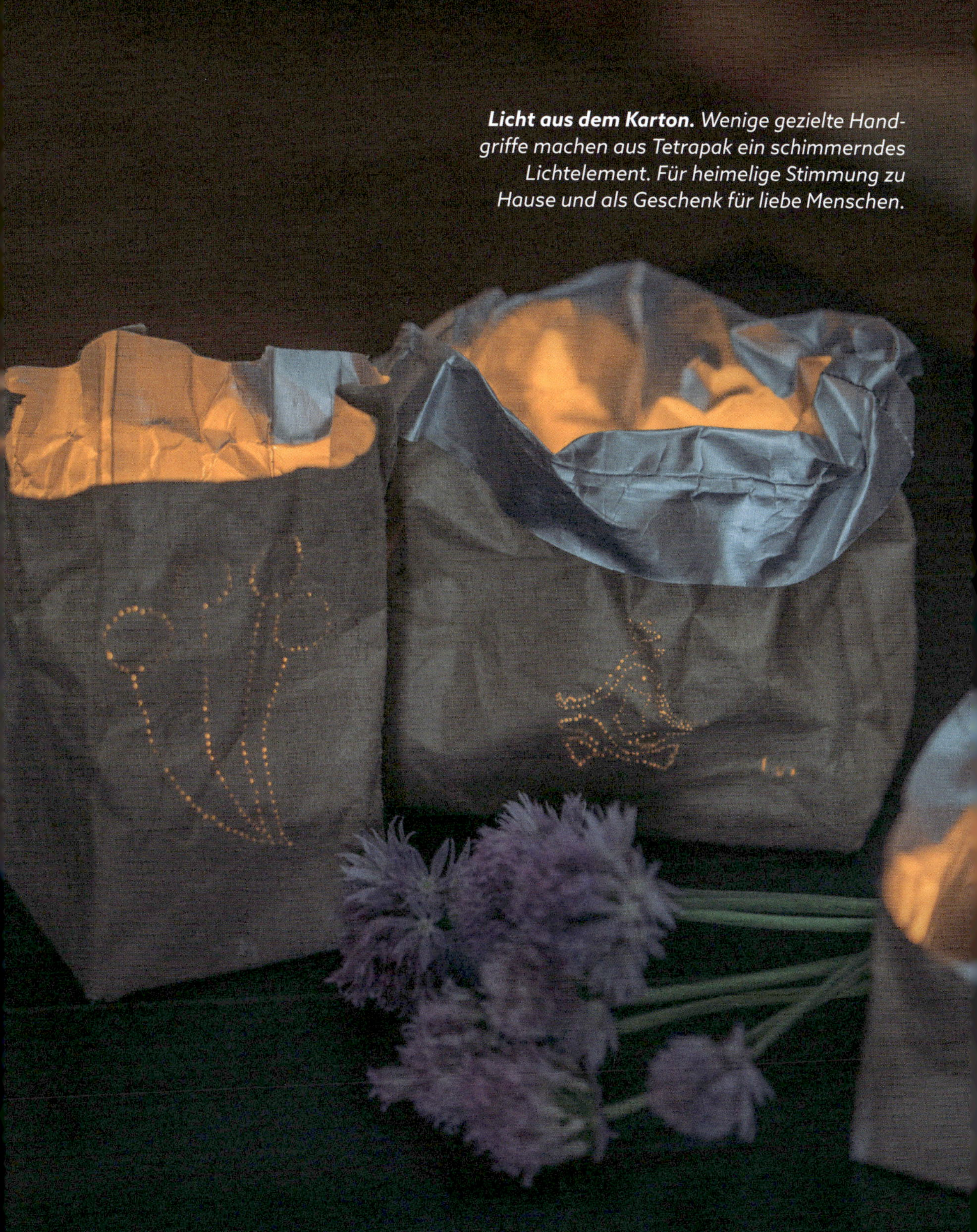

Licht aus dem Karton. *Wenige gezielte Handgriffe machen aus Tetrapak ein schimmerndes Lichtelement. Für heimelige Stimmung zu Hause und als Geschenk für liebe Menschen.*

So viel Info muss sein

Mülltrennung – wie funktioniert das?

In Österreich werden Glas, Papier, Plastikflaschen, Metall, Altkleider, Bio-Müll, Öl, Elektronikschrott und noch vieles mehr getrennt gesammelt. Aber in verschiedenen Regionen passiert das auf unterschiedliche Weise. Was also tun, wenn man eine Frage zur Mülltrennung hat? Im Amtshaus der Gemeinde anrufen, in der man wohnt! Die ist zuständig.

In der größten Gemeinde Österreichs, in Wien, gibt es dafür ein eigenes **Mist-Telefon** mit der Nummer 01 546 48.

Mülltrennung – was bringt das?

Das getrennte Müllsammeln hat einen großen Vorteil. Wenn Glas, Papier, Karton, Metalldosen und Plastikflaschen in den dafür vorgesehenen Behältern landen, werden sie recycelt. Das heißt, sie werden aufbereitet und als Rohstoffe wiederverwendet – aus altem Abfall entstehen so neue Produkte.

Quellenangaben

- Die Bestandsaufnahme der Abfallwirtschaft in Österreich – Statusbericht 2020 (Referenzjahr 2018); Wien 2020
- Information zur Umweltpolitik – Gesundheitsrelevante Aspekte von Getränkeverpackungen | Studie im Auftrag der AK Wien; Wien 2011
- Möglichkeiten zur Umsetzung der EU-Vorgaben betreffend Getränkegebinde, Pfandsystem und Mehrweg – Endbericht – Im Auftrag des Bundesministeriums für Klimaschutz, Umwelt, Energie, Mobilität, Innovation und Technologie; Wien, Jänner 2020
- Abfall Trenn-ABC; Bundesministerium für Nachhaltigkeit und Tourismus (Hg.); Wien, Jänner 2019
- Selbst gemacht? Ja, aber ökologisch. Tipps für umweltfreundliches Heimwerken; Bundesministerium für Nachhaltigkeit (Hg.); Autorenschaft: Die Umweltberatung + BMNT
- Strategische Umweltprüfung zum Wiener Abfallwirtschaftsplan (Wr. AWP) 2019–2024 und zum Wiener Abfallvermeidungsprogramm (Wr. AVP) 2019–2024 ANHANG Ist-Zustand der Wiener Abfallwirtschaft 2017